Alain-Gérard Slama, ancien élève de l'Ecole normale supérieure, est professeur et journaliste. Spécialiste de l'histoire des idées politiques, il enseigne à l'Institut d'études politiques de Paris. Outre ses contributions aux ouvrages collectifs *La Guerre d'Algérie et les Français* (Fayard, 1982) et *L'Algérie des Français* (Seuil, 1993), il est notamment l'auteur des *Chasseurs d'absolu*, genèse de la gauche et de la droite (Grasset, 1980, rééd. Pluriel), de *L'Angélisme exterminateur*, essai sur l'ordre moral contemporain (Grasset, 1993, rééd. Pluriel) et de *La Régression démocratique* (Fayard, 1995). Il est éditorialiste au *Figaro*, chroniqueur au *Point* et à *Lire* et collaborateur de France-Culture.

1er dépôt légal : novembre 1996
Dépôt légal : janvier 2000
Numéro d'édition : 94022
ISBN : 2-07-053360-3
Imprimerie Kapp Lahure Jombart, à Évreux

LA GUERRE D'ALGÉRIE
HISTOIRE D'UNE DÉCHIRURE

DÉCOUVERTES GALLIMARD
HISTOIRE

La guerre qui s'est déroulée sur le sol algérien de l'hiver 1954 à l'été 1962 n'a pas seulement mis fin à plus de cent trente ans de colonisation.

Ce fut une déchirure. Avec elle est morte «une certaine idée» de la France, incarnée par de Gaulle. Après elle s'est déployée une nouvelle société, impatiente de se réconcilier avec la modernité.

CHAPITRE PREMIER
LES ORIGINES D'UNE TRAGÉDIE

Le centenaire du débarquement de Sidi Ferruch. Lors de sa visite en mai 1930, le président Gaston Doumergue fut acclamé de Boufarik à Oran. C'était le temps des illusions.

Dans la nuit du 31 octobre au 1er novembre 1954 éclatait, en trente points du territoire algérien, une vague d'attentats organisée par quelques hommes, qui fit peu de morts et de blessés. A cette date, le Front de libération nationale (FLN), dont c'était l'acte fondateur, était loin de rencontrer l'adhésion populaire nécessaire au succès de son entreprise. Ce mouvement s'est imposé au prix d'une guerre atroce, longue de près de huit ans, cause de la chute de la République et suivie d'un exode massif. Quatre décennies plus tard, la question des responsabilités du conflit et de son issue tragique reste posée. Pour en arriver là, il a fallu plus d'un siècle d'errements et de malentendus.

Une histoire écrite par hasard

Du début à la fin de son histoire, la politique coloniale menée par la France en Algérie a été dominée par des préoccupations de politique intérieure. De la première à la dernière heure, les problèmes soulevés par l'implantation d'une population d'origine européenne sur un sol de vieille culture islamique ont été ignorés par une «métropole» arrêtée sur des choix obstinément

A. BONNEFIN & M. MARCHAND

HISTOIRE DE FRANCE ET D'ALGÉRIE

★ COURS MOYEN ★
ET SUPÉRIEUR

LIBRAIRIE HACHETTE

❝Alger, et avec elle certains lieux privilégiés comme les villes sur la mer, s'ouvre dans le ciel comme une bouche ou une blessure.❞
Albert Camus,
Noces, 1939

jacobins. L'intention de faire de la province conquise une «colonie de peuplement» cache une réalité faite de hasards, d'accidents et d'improvisations. Cette incapacité de penser la spécificité des départements d'outre-Méditerranée a marqué de son empreinte les comportements des Européens d'Algérie. Ses méfaits ont été occultés, jusqu'à l'explosion finale, par la difficulté des Algériens de souche de se penser eux-mêmes comme nation. L'absence de projet colonial, la dépendance du peuplement européen, les incertitudes du sentiment national algérien, telles sont les causes qui ont conduit, à partir de 1954, les différents acteurs du drame à mener, les uns contre les autres, plusieurs guerres superposées : gouvernement de Paris contre nationalistes algériens, Algériens assimilés contre séparatistes, Front de libération nationale contre Mouvement national algérien, Européens contre musulmans, pieds-noirs contre Français de France, OAS (Organisation armée secrète) contre armée loyaliste. Plus que le conflit colonial lui-même, ce sont les affrontements civils internes engendrés par la découverte tardive de réalités brutales qui ont laissé, dans les deux pays, les traces les plus profondes.

> **"**Les hommes trouvent ici pendant toute leur jeunesse une vie à la mesure de leur beauté. Et puis après, c'est la descente et l'oubli. Ils ont misé sur la chair, mais ils savaient qu'ils devaient perdre. A Alger, pour qui est jeune et vivant, tout est refuge et prétexte à triomphes : la baie, le soleil, les jeux en rouge et blanc des terrasses vers la mer, les fleurs et les stades, les filles aux jambes fraîches. Mais pour qui a perdu sa jeunesse, rien où s'accrocher et pas un lieu où la mélancolie puisse se sauver d'elle-même.**"**
> Albert Camus,
> *Noces*, 1939

L'absence de projet colonial

Amorcée en mai 1830, la colonisation des «Possessions françaises dans le Nord de l'Afrique» – première appellation officielle du territoire avant 1839 – s'est opérée en deux temps. Jusqu'à la fin du second Empire, ce fut un engrenage, dont l'acteur principal fut l'armée. Loin de poursuivre un projet d'expansion méditerranéenne ou de servir des intérêts économiques, l'expédition d'Alger fut d'abord inspirée par le souci de Charles X de sauver sa couronne. Sous Louis-Philippe, la poursuite d'opérations militaires impitoyables de part et d'autre, conduites par le maréchal Bugeaud sur l'ensemble du territoire de l'ancienne Régence de l'Empire turc, et l'installation de quinze mille colons sur des terres confisquées furent décidées pour des raisons de prestige.

Des massacres sont restés dans les mémoires, comme l'enfumage par Pélissier des grottes du Dahra en 1844. La générosité et le rêve ne furent pas, pour autant, absents d'une aventure où les

Gouverneur de l'Algérie de 1840 à 1847, Bugeaud (ci-dessous), organisateur de l'armée d'Afrique, artisan du mythe du «soldat-laboureur», fait maréchal en 1843, s'est heurté à la tutelle du ministre de la Guerre, le maréchal Soult, dans la conduite de la colonisation (affiche de 1848, à droite). A ses côtés, le cruel Yussuf, le vainqueur de Bône, ancien mameluk du bey de Tunis, est mort général de division en 1866.

Bugeaud, Canrobert, Bazaine, Saint-Arnaud, Randon, Changarnier, et, plus encore, quelques capitaines, un Malglaive, un Lapasset, envoûtés par leur conquête, fascinés par les chefs des tribus adverses, se sont découvert des vocations d'administrateurs et de bâtisseurs. Tous étaient hantés par le souvenir de la grande politique arabe menée en Egypte par Bonaparte contre l'Empire ottoman. Dans les années 1850, se développa l'expérience des «bureaux arabes», proches des musulmans et impopulaires auprès des colons.

(24 SEPTEMBRE.)

RÉPUBLIQUE FRANÇAISE.

Liberté, Égalité, Fraternité.

MINISTÈRE DE LA GUERRE.

COLONISATION
DE L'ALGÉRIE.

L'expérience avortée de 1863

En 1863, Napoléon III, gagné aux idées d'un saint-simonien, Ismaïl Urbain, métis de Guyane converti à l'islam, s'appuya sur le sabre pour mener au sein d'un «royaume arabe» – ancêtre de l'«Algérie algérienne» de De Gaulle – une politique d'association respectueuse de la civilisation des indigènes, avec la même arrière-pensée d'alliance anti-ottomane que son oncle. Un décret du 27 décembre 1866 déclarait les Arabes éligibles aux conseils municipaux des villes – les futures «communes de plein exercice».

Véritables «pachas» locaux, à la fois soldats, juges et administrateurs, les officiers des «bureaux arabes» ont été mis en place dès 1833 par Eugène Daumas, futur général et sénateur. Leur rôle a été particulièrement actif sous le second Empire, qui s'est appuyé sur l'armée pour défendre les propriétés indigènes contre les convoitises des colons (ci-contre, vers 1860). Leur dévouement, leurs réalisations et même leurs publications savantes ne doivent pas faire oublier les abus, les «mœurs molles» (Alphonse Daudet), voire les crimes révélés en 1856 par le procès du capitaine Doineau. Ils sont les ancêtres des officiers SAS – Sections administratives spécialisées, créées en 1955 pour remédier à la misère et à la sous-administration du bled.

Peu auparavant, un sénatus-consulte du 14 juillet 1865 avait ouvert aux Arabes la possibilité de se faire naturaliser français, à condition de renoncer à la loi musulmane : la logique de l'assimilation faisait sa première apparition, et la grande question de la laïcisation de l'Islam se trouvait, pour la première fois, posée. Mais la poursuite des expropriations – incluant sans ménagement les terres des fondations religieuses (les biens habous) –, l'éviction des aristocraties locales dans le dessein louable d'émanciper les paysans, le retour en force de l'administration à la fin du règne, l'impéritie du gouverneur général Mac-Mahon et la grande famine de 1867-1868, qui fit au moins trois cent mille morts, provoquèrent des troubles incessants qui culminèrent, après la défaite de Sedan,

Le *djihad* proclamé, en 1871, par le chef kabyle Mokrani, à la suite des décrets Crémieux et à la faveur de la «Commune» d'Alger (ci-contre un des chefs de la rébellion), eut surtout pour cause le démantèlement des terres tribales par les colons. Après l'écrasement de la révolte, 500 000 hectares furent confisqués et attribués aux réfugiés d'Alsace-Lorraine.

avec l'insurrection kabyle du dernier des grands féodaux traditionnels, le *bachaga* Mokrani, écrasée par les troupes «versaillaises» en 1871.

La République et le rêve de l'assimilation

La seconde étape, qui ouvrait l'ère de la colonisation proprement dite, fut caractérisée par la mise en place du pouvoir civil par les républicains. C'était le vœu des Européens d'Algérie, exprimé avec éclat en 1870 lors du soulèvement de la Commune d'Alger. Mais les colons, débarrassés du gouvernement militaire impérial, souhaitaient le pouvoir pour eux-mêmes. La République se méfiait de cette revendication d'autonomie, incompatible avec son projet universaliste et sa politique de puissance. Cette ambition se traduisit par l'abandon de l'ancienne organisation militaire, arbitraire mais proche du terrain, au bénéfice d'un ordre symétrique, légal mais centralisé. Et par la mise en œuvre systématique de la doctrine d'assimilation.

Le territoire, placé sous l'autorité d'un gouverneur général, fut divisé en trois départements – directement «rattachés» aux ministères parisiens à partir de 1881. Le Sahara, définitivement conquis par Laperrine en 1910, fut inscrit dans l'unité administrative des «Territoires du Sud» en 1902. L'immigration fut encouragée, et le nombre des Européens passa de 245 000 en 1872 à plus de 750 000 en 1914. Il devait devenir évident qu'un tel système, décalqué sur celui de la métropole et longtemps soutenu par l'Eglise – notamment par Mgr Lavigerie –, était inapplicable dans un pays musulman où, grâce à l'œuvre sanitaire de la colonisation,

Opposés en métropole, les intérêts de l'Eglise et de la République ont convergé dans les colonies. Fait archevêque d'Alger en 1867, au moment de la grande famine, Mgr Lavigerie (1825-1892) créa des orphelinats indigènes, dont le siège, installé à Maison-Carrée en 1868, fut à l'origine de l'ordre missionnaire des Pères Blancs pour la «propagation de la foi». En 1890, sa campagne contre l'esclavage aboutit à l'accord européen de Bruxelles, qui favorisa la pénétration des administrations coloniales dans les territoires conquis. Léon XIII choisit ce grand politique pour lancer, en novembre 1890, le «toast d'Alger», appelant les catholiques à se rallier à la République.

la population autochtone, tombée de trois millions à deux millions entre 1830 et 1872, était remontée à cinq millions en 1914. Le coût d'une véritable politique d'assimilation apparut vite exorbitant. A la suite de la grande enquête sénatoriale de 1892, présidée par Jules Ferry, la formule irréaliste des «rattachements» fut abandonnée en 1896.

L'Algérie n'en fut pas moins placée, à partir de cette date, sous l'administration du ministère de l'Intérieur.

Une législation inadaptée

Il apparut également que l'extension de la législation française à l'autre rive de la Méditerranée provoquait des effets contraires au but poursuivi. En naturalisant d'emblée, dès le 24 octobre 1870, les trente sept mille juifs qui avaient souffert d'un statut inégal au temps de la Régence – et qui avaient été les interlocuteurs privilégiés de la France depuis les débuts de la conquête –, les décrets Adolphe Crémieux destinés à «assimiler complètement l'Algérie à la France» eurent surtout pour résultat de réveiller les conflits religieux. La loi de 1889 permettant la naturalisation automatique (sauf choix contraire) des étrangers résidant en Algérie allait dans le même sens. L'extension des dispositions du code civil sur l'indivision aux biens algériens

Le décret Crémieux naturalisant les juifs d'Algérie fut d'abord soutenu par les délégués des colons, excepté ceux d'Oran. Mais la crise économique fit de son abrogation le thème d'un populisme «antijuif» (et non «antisémite», pour distinguer les juifs des musulmans). Cette campagne violente associa aux musulmans le peuple de la rue – incarné dans le personnage folklorique de *Cagayous* –, catholiques et naturalisés de la loi de 1889; mais aussi, par anticapitalisme, des socialistes, derrière Viviani et Jaurès.

par la loi Warnier de 1873 accéléra le démembrement des propriétés tribales au bénéfice des Européens : le texte dut être abrogé en 1887. Après la crise d'Agadir de 1911, la généralisation de la conscription rendait d'autant plus intolérables les mesures inégalitaires, censées s'adapter aux mentalités locales, en matière fiscale ou pénale – tel le code de l'indigénat de 1881, qui plaçait les indigènes sous la tutelle des administrateurs des communes extérieures aux grandes villes et du Sud, appellées «communes mixtes» . Compte tenu des obstacles linguistiques, religieux et démographiques,

L'un des obstacles à la scolarisation fut le refus des musulmans d'envoyer leurs filles à l'école. De rares «écoles-ouvroirs» subventionnées, tenues par des dames patronnesses, sont apparues vers 1863 (ci-dessous, à Blida). Encore très forte avant 1914, surtout dans le bled, la résistance

les lois scolaires ne pouvaient s'aligner sur celles de la métropole. Faute de moyens, la scolarisation des jeunes musulmans dans le primaire, qui aurait dû être la clé de voûte de la politique républicaine, n'excéda jamais un rythme de progression de deux mille élèves par an avant 1914, et de cinq mille avant 1940. En dépit des dépenses engagées après la Libération, un musulman sur cinq seulement avait accès à l'école en 1954. Rien ne fut fait, jusqu'en 1947, pour enseigner aux Européens la langue et la civilisation arabes.

a diminué, entre les deux guerres, grâce aux progrès de l'enseignement professionnel. Après 1945, la ruée des citadines dans les écoles d'enseignement général a permis la fusion des enseignements A (Européens) et B (indigènes) en 1949.

Des collèges inégaux

Sur le plan institutionnel, une politique de décentralisation fut amorcée en 1898 et confortée en 1900 par l'octroi de la «personnalité civile» à l'Algérie. Mais ce fut sous la pression et au seul bénéfice des Européens de la colonie, à la suite de la crise économique et de l'agitation populiste qui portèrent à la Chambre, en 1898, quatre députés antisémites d'Alger (sur six), parmi lesquels, venu de Paris, l'auteur de *La France juive*, Edouard Drumont. Pour apaiser le jeu, une assemblée élue, les Délégations financières, fut alors créée par le grand juriste Laferrière. Mais elle était limitée au vote du budget établi par le gouverneur. Composée de trois collèges – colons, contribuables urbains et indigènes –, elle privilégiait les propriétaires, détenteurs de la plupart des 48 sièges attribués aux Européens, face à 21 Arabes et Kabyles encadrés par l'administration. Les chances de rapprochement entre les colonisateurs

L'antisémite Edouard Drumont (ci-dessous) choisit de se présenter en mai 1898 à Alger, à l'initiative de Max Régis que le gouverneur Lépine venait de jeter en prison. Dans la vague qui porta à la Chambre quatre députés «antijuifs» algérois sur six, seuls les leaders du «parti colonial», Eugène Etienne et Gaston Thomson, sauvèrent leurs sièges. L'élection de Drumont, catholique et nationaliste, a contribué à fixer à l'extrême droite l'antisémitisme pied-noir, à l'origine beaucoup plus diffus et dirigé contre la métropole.

et les colonisés étaient condamnées d'avance par ce mélange de centralisme et de laisser-faire.

La dépendance du peuplement européen

Les «pieds-noirs» – qui découvrirent ce sobriquet à leur retour en France, en 1962 – ne pouvaient manquer d'être affectés dans leurs mentalités par ce jacobinisme sans projet. D'un côté, ils éprouvaient au plus haut point la fierté de participer à la mission civilisatrice de la France. De l'autre, le sentiment d'être ignorés, voire

méprisés par la métropole, les incitait à tout exiger d'une mère-patrie dont ils se jugeaient créanciers. Leurs relations avec les musulmans souffraient de la même ambiguïté. Leur orgueil de pionniers les portait à entretenir des rapports paternalistes avec les colonisés, dont ils partageaient une certaine idée du bonheur. Mais leur nationalisme frustré les amenait à refuser à ces derniers le droit de leur ressembler, tout en rejetant leur propre algérianité.

À partir des années 1890, l'expansion coloniale rallie, en France, l'adhésion des catholiques et des radicaux. Le «parti colonial» est fort du Comité de l'Afrique française (1890), du groupe colonial de la Chambre et du Sénat (1892), qui compte 200 députés en 1902, et de l'Union coloniale (1893). Seuls les socialistes et quelques isolés s'opposent alors à l'«exploitation capitaliste» et aux «flibusteries coloniales» – comme dans cette caricature de *L'Assiette au beurre* (1903).

Ainsi s'est forgée, au prix d'un double malentendu, l'unité paradoxale d'un peuplement européen venu de multiples souches et divisé en autant de castes : déportés de 1848, du second Empire et de la Commune, Alsaciens-Lorrains chassés par l'occupation prussienne, vignerons du Sud ruinés par le phylloxéra, mais aussi Espagnols, Italiens, Maltais et juifs. Même l'antijudaïsme pied-noir (partagé par une partie des musulmans, ce qui excluait l'emploi du mot «antisémitisme») n'est jamais allé sans une solidarité de fait, qui explique notamment la faible pénétration du sionisme chez les juifs d'Algérie. L'hostilité aux juifs, qui fut d'une virulence extrême à la suite des décrets Crémieux et qui culmina à la fin du XIXe siècle autour de Max Régis, le «beau Jésus à moustache», élu maire d'Alger en 1897, a reflué après les élections de 1902 pour se cantonner, comme en France, à l'extrême droite au lendemain de l'affaire Dreyfus.

Une société solidaire

Cette population disparate, partiellement issue de marginaux et de réprouvés, a fait bloc derrière les colons, ses leaders naturels, alors même qu'elle était politiquement divisée et socialement très inégalitaire. Sur le terrain politique, les forces partisanes, partagées par moitié entre la gauche et la droite, reproduisaient le modèle de la métropole, mais se réunissaient sur le thème de l'Empire. A droite, le Parti social français (PSF) du colonel de La Rocque, héritier des Croix de Feu, est devenu ainsi, en 1936, le premier parti européen d'Algérie. L'Action française de Maurras entonnait l'hymne de l'«Union latine», bien accueilli dans l'Oranais. Le Parti populaire français (PPF) de Doriot et le Rassemblement national d'action sociale de l'abbé Gabriel Lambert (maire «antijuif» d'Oran dans les années 1930) exploitaient l'esprit ancien combattant et le ressort de l'anticommunisme. Il est vrai que la fédération algérienne du PCF, d'effectifs très réduits, a mené

A la différence du PPF quasi fasciste de Doriot, les Croix de Feu, implantés à partir de 1931, et devenus le PSF en 1936, recrutent dans tous les camps, de l'extrême droite aux juifs d'Algérie. Leur parade mémorable d'Oued Smar réunit 150 000 militants en juin 1935.

Aux Colonies
les Communistes
travaillent à poignarder la France

Anticolonialiste depuis sa fondation en 1920, très actif lors de la guerre du Rif au Maroc (1921-1926), le Parti communiste français s'est solidarisé avec les démocraties coloniales contre le fascisme. Après 1936 et la campagne du Front populaire menée par Maurice Thorez (ici en visite à Alger en 1939), le Parti a cessé de revendiquer l'indépendance de l'Algérie. Les communistes ne se prononceront dans ce sens qu'à titre personnel, jusqu'à la

combat pour l'indépendance à l'occasion de la guerre du Rif qui secoua le Maroc dans les années 1920. Mais elle a vite abandonné cette ligne pour accorder la priorité à l'antifascisme, lorsque, forte du journal *Alger républicain*, auquel collaborait Camus, elle est devenue le Parti communiste algérien (PCA) en 1936. Parmi les grands partis de gauche, les radicaux, fortement représentés chez les colons, et les socialistes, concentrés dans les villes, abritaient leur crainte des réformes derrière un discours républicain.

Les inégalités sociales n'ont pas davantage brisé la solidarité de cette étrange société. Contrairement à la légende du colon «faisant suer le burnous»,

reconnaissance du FLN par Moscou en 1960. Malgré l'audience de son journal, *Alger républicain*, le PC algérien, autonome à partir de 1936, est faible et touche surtout les Européens. L'Etoile nord-africaine de Messali Hadj rompt avec lui toute attache en 1933.

les 984 000 Européens vivant sur le sol algérien
en 1954 constituaient, pour plus des trois quarts,
une population urbaine, comptant peu d'ouvriers
(90 000) et une majorité de salariés, d'artisans,
de commerçants, de fonctionnaires, de membres
des professions libérales, dont le niveau de vie moyen
était inférieur de 20% à celui de la métropole.
Les petits Blancs propriétaires de moins de
10 hectares, découragés par les épidémies dès
les débuts de la colonisation, avaient
été éliminés par
la crise de 1929.
Ils détenaient
seulement 1%
des terres
coloniales. A l'opposé, les
6 385 propriétaires
de plus de
100 hectares
concentraient entre leurs mains en 1950 le huitième
de la surface cultivable du territoire, et les quatre
cinquièmes des 2 726 000 hectares possédés par
les Européens. Les grands latifundiaires cumulaient
l'exploitation de domaines colossaux, la participation
à plusieurs conseils d'administration, la détention
de mandats électifs et la propriété de
grands journaux.

Entre les petits
ou moyens
propriétaires et
commerçants d'Algérie
et les grandes dynasties
coloniales, le fossé est
considérable. A la veille
de la guerre d'Algérie,
les noms de ces
patriciens, qui tenaient
entre leurs mains
l'économie, la politique
et la presse, ont
beaucoup contribué
à entretenir le mythe
de l'«Algérie de papa».
Citons : Henri
Borgeaud (page de
droite), sénateur,
1 200 hectares de vignes
à La Trappe, tabacs
Bastos et *La Dépêche
algérienne*, devenue *La
Dépêche quotidienne*
après 1944; Amédée
Froger, président
de la Fédération des
maires d'Algérie, 720
hectares, Phosphates de
Constantine, Crédit
agricole.

1830 L'ALGÉRIE 1930

PAYS DE GRANDE PRODUCTION AGRICOLE

Georges Blachette, député, «roi de l'Alfa», concessionnaire de 700000 hectares, actionnaire du *Journal d'Alger* et artisan de la carrière de Jacques Chevallier, maire libéral d'Alger en 1955; Jean Duroux, minotier, propriétaire de *L'Echo d'Alger* dirigé par son beau-frère, Alain de Sérigny; Laurent Schiaffino, sénateur, président de la chambre de commerce d'Alger et propriétaire de la société de navigation portant son nom, etc. Mais ces «milliardaires» ne pesaient eux-mêmes pas lourd, par comparaison avec les groupes dont le siège était en métropole : banque Mirabaud, Crédit foncier, Société des mines de l'Ouenza,

Ciments Lafarge, Société des lièges des Hamendas et de la Petite-Kabylie (premier producteur mondial), Schlumberger ou Rothschild.

L'échec des réformes

Or s'il est vrai que ces privilégiés – les Borgeaud, Froger, Blachette, Duroux, Schiaffino – confisquaient à leur profit l'essentiel de la vie politique algérienne, leur puissance, leur capacité de peser sur le gouvernement étaient bien moindres que celles des groupes installés en Algérie, et dont le siège était à Paris. Un des principaux représentants du «lobby colonial» après-guerre, René Mayer, député de Constantine à partir de 1946 et éphémère président du Conseil en 1953, était associé au groupe

Rothschild et né parisien. L'influence des gros colons est celle que la République a bien voulu leur laisser.

L'avortement de la réforme Blum-Viollette en est un exemple éclatant. Le socialiste Maurice Viollette, républicain exemplaire, très attaché à l'œuvre coloniale – c'est lui qui fut à l'origine de la célébration du centenaire de la conquête, en 1930 –, s'était heurté une première fois aux pieds-noirs, alors qu'il était gouverneur de l'Algérie entre 1925 et 1927. En juin 1936, sous le Front populaire, il était vice-président du Conseil. Son projet, présenté en décembre, était apparemment modeste, puisqu'il n'étendait la plénitude de la citoyenneté française qu'à vingt et un mille musulmans sur six millions. Mais il n'exigeait pas de ces derniers la renonciation à la loi islamique : cette concession au multiculturalisme ouvrait une brèche considérable

dans la doctrine officielle d'assimilation. Elle heurtait de front les pieds-noirs, qui n'avaient qu'une crainte : la naturalisation en masse et la participation active des musulmans, dès lors que ceux-ci ne seraient plus arrêtés par la fidélité à leur religion. Le président du Conseil, Léon Blum, baissa les bras : le texte, critiqué par Edouard Herriot et par le président Albert Lebrun, fut retiré. Il aurait sans doute été

s du Parti Communiste Algérien

ON *Liberté* **acher**

REDACTION - ADMINISTRATION : 1, rue des Tanneurs - Alger
T : Rédaction, 325-81 - Administration, 349-99

JOURNAL HEBDOMADAIRE
Jeudi 24 Avril 1947 **5 Frs** 5ᵉ Année - Nᵒ 202

Abonnements : 1 an, 250 fr ; 6 mois, 125 fr
(Change agr : 6 fr — C. Ch. Postaux 390-74
Au Numéro : France 6 fr ; Algérie 5 fr.

TUT Démocratique

adopté, si Blum avait eu la volonté d'engager sa responsabilité.

En novembre 1947, un autre gouverneur socialiste, Yves Chataigneau, fut également sacrifié à la défaveur des pieds-noirs. Son départ fut arraché par le ministre des Finances, René Mayer, auquel le président du Conseil, Robert Schuman, aurait pu résister. En septembre, un nouveau statut de la colonie avait été voté malgré l'opposition des élus d'Algérie. Ce statut supprimait les communes mixtes, instaurait l'indépendance du culte islamique et prévoyait le vote des femmes musulmanes; il substituait aux anciennes Délégations financières une assemblée paritaire de cent vingt membres (soixante par collège), aux compétences élargies. Mais les votes de cette assemblée, élue par deux collèges inégaux (tous les Français de droit d'un côté, 1 300 000 musulmans de l'autre), étaient subordonnés à une majorité des deux tiers sur les sujets importants. Le successeur de Chataigneau, le député socialiste Marcel-Edmond Naegelen, crut défendre la République en truquant les élections d'avril 1948. Une fois de plus, l'échec de la réforme fut moins le fait des colons que la conséquence des impasses où la politique d'assimilation s'était engagée.

L'un des principaux arguments invoqués par la droite, mais aussi par les républicains laïques contre le projet Viollette (page de gauche), fut que le texte enverrait à la Chambre des députés polygames, dispensés de la renonciation au «statut personnel» exigée des musulmans naturalisés. La thèse de Viollette était que sa loi permettrait, au contraire, de faire tomber en désuétude la polygamie qui, d'ailleurs, reculait. La solution d'une Assemblée algérienne, prônée par les communistes (ci-dessus), serait, selon lui, la plus défavorable à l'assimilation. C'était aussi l'avis de Camus, qui rédigea un manifeste soutenant le projet au nom de l'idéal républicain.

La nation introuvable

Seules les incertitudes du sentiment national des Arabes et Berbères d'Algérie peuvent permettre de comprendre que cette politique ait pu susciter, pendant cent trente deux ans, tant d'illusions et de fidélités. Avant la dernière guerre, Ferhat Abbas exprimait un point de vue largement répandu chez les élites de l'entre-deux-guerres lorsqu'il écrivait, dans *L'Entente* du 23 février 1936, ces lignes souvent citées : «Je ne mourrai pas pour la patrie algérienne, parce que cette patrie n'existe pas. Je ne l'ai pas découverte. J'ai interrogé l'histoire, j'ai interrogé les vivants et les morts; j'ai visité les cimetières. Personne ne m'en a parlé.»

Pour éclairer ce constat de carence, il faut remonter à l'occupation romaine, au christianisme africain de Tertullien, Cyprien et Augustin, dirigé contre Rome par les Berbères. Il faut évoquer, après l'occupation vandale et la «Reconquista byzantine», la résistance berbère du catholique Kosaïla et de la Jeanne d'Arc juive de l'Afrique du Nord, la farouche Kahina, à l'invasion arabe qui a orientalisé le Maghreb à partir du VIIᵉ siècle. Il faut rappeler la philosophie de l'histoire d'Ibn Khaldoun (1332-1406), qui a profondément inscrit dans les mentalités berbères le lien entre nomadisme (berbère) et civilisation et, *a contrario*, entre sédentarisation (arabe) et décadence. Il faut souligner le faible pouvoir rassembleur du rite malékite, système de superstitions hérité des anciennes pratiques animistes, codifié par une pléthore de confréries (*zaouïas*) et de sages (marabouts) reconnus pour leur charisme (*baraka*), qui s'est imposé, dès la fin du premier millénaire, dans la région.

Reconnu commandeur des Croyants par le traité Desmichels de 1834 et confirmé en 1837 par le traité de la Tafna, Abd el-Kader (1807-1883) ne proclama le *djihad* qu'à la suite de la violation de son territoire en 1839. Jusqu'à sa reddition en 1847, il mena la guerre anticoloniale en féodal. Il fut ensuite l'ami de la France au point de sauver les chrétiens de Damas en 1860 et d'être pressenti par Napoléon III pour prendre la tête d'un empire arabe. Il n'en est pas moins devenu le symbole de la résistance algérienne – mythe qui rejaillit sur son petit-fils, l'émir Khaled (1875-1936).

Il faut aussi garder en mémoire les déchirements de la Régence sous l'occupation turque, de 1516 à 1830 : les deys, soumis à l'appétit des puissances, affaiblis par les rivalités de pouvoir entre les janissaires (l'*Odjak*) et les corsaires (les *taïfas*) et confrontés à des révoltes kabyles permanentes, ne sont jamais parvenus à imposer un Etat. Dès le XVIᵉ siècle, on parlait dans les villes côtières d'Algérie le turc, l'arabe dialectal, le kabyle et la *lingua franca*, sabir d'arabe, d'espagnol, d'italien, de provençal et même de portugais. Quelles que fussent les traces laissées par la grande époque almohade (XIIᵉ siècle), en partie détruites par la France après la conquête, les Berbères, divisés en tribus et repliés sur eux-mêmes, n'avaient guère de critères pour se percevoir comme nation. Et le fait est que sous la monarchie de Juillet, l'émir Abd el-Kader se présenta, non comme le défenseur de la nationalité arabe, mais comme le «commandeur des Croyants» dressé contre l'Infidèle.

Mal reçue en 1912, malgré la prudence du gouverneur Jonnart, la conscription des musulmans fut un puissant facteur d'intégration. Mais les 25 000 morts de 1914-1918 ont créé la conscience de droits.

Le changement du rapport de forces

La construction de l'idée nationale algérienne fut le résultat de deux ordres de facteurs : le changement du rapport de forces, d'un côté; le rôle de quelques grands fondateurs, de l'autre.

Dans l'entre-deux-guerres, le seul lien fédérateur de la conscience algérienne, qui était l'islam, semblait condamné à l'impuissance, aux yeux des musulmans eux-mêmes : ceux-ci avaient sous les yeux l'exemple de la politique de désislamisation menée par Atatürk dans la Turquie nouvelle après 1923.

Le premier conflit mondial, où vingt cinq mille musulmans étaient morts pour la France, avait confirmé la suprématie de la métropole et suscité, chez les colonisés anciens combattants, un certain orgueil d'être français. L'inégalité du rapport de forces était jugée d'autant plus irrémédiable que le travail immense de modernisation économique accéléré après la Victoire entraînait dans son sillage les féodaux traditionnels et les nouvelles élites urbaines assimilées. Parallèlement, la concentration des terres qui accompagnait les grands travaux d'irrigation et la mécanisation de la culture extensive achevait de désintégrer les vieilles structures de la société rurale qui avaient jusqu'alors permis aux petits paysans, les fellahs, de conserver leur autonomie. L'introduction à grande échelle de la vigne dans les plaines littorales les plus fertiles, passée de 150 000 hectares en 1900 à 400 000 en 1935, créait un salariat important, dans la mesure où elle requérait une main-d'œuvre abondante, mais elle fit reculer les rendements de la production céréalière de 20% entre 1880 et.1950. Elle frappa l'élevage, diminué de moitié. Devenue le principal revenu de l'Algérie, mais concurrencée par la production du sud de la France, l'exploitation vinicole a contribué à creuser le déficit commercial de la colonie, de plus en plus coûteux pour le budget de la métropole (370 milliards entre 1949 et 1954).

Ces images édifiantes des plaines de la Mitidja, autour d'Alger, et de l'intérieur de la maison d'un colon de Saïda, au sud d'Oran, ne doivent pas faire oublier les effets pervers de l'agriculture coloniale : concentration des «bonnes terres» entre les mains des Européens au détriment de l'élevage, primauté donnée à la vigne aux dépens des céréales, politique d'exportation inadaptée à la croissance démographique. Mais elles correspondent à une réalité. Le savoir-faire des agriculteurs européens d'Algérie, qui a fait ses preuves en métropole après 1962, a réussi à fertiliser des sols ingrats, fortement salins, même dans les zones les plus riches. L'introduction du *dry farming* et le perfectionnement des techniques d'irrigation ont permis d'améliorer des rendements faibles (passés de 5 à 10 quintaux de blé à l'hectare) et de diversifier les cultures : agrumes (oranges, citrons, mandarines et clémentines – ces dernières inventées par un religieux d'Oran, le frère Clément), olivier, figuier, tabac, coton et lin, parallèlement à l'exploitation de l'alfa (4 millions d'hectares, dans le Sud oranais) et du liège.

En privilégiant le salariat par rapport à la petite propriété, elle a aggravé l'impact des crises économiques. Ainsi s'est développé un prolétariat rural misérable, fataliste, décrit en 1939 par Albert Camus dans sa fameuse enquête sur la Kabylie. Une partie, chassée par la faim, allait peupler les bidonvilles des cités côtières. A partir de 1920, environ cinquante mille Algériens partaient tous les ans en France travailler en usine. La plupart retournaient avec un pécule dans leur douar d'origine. Parmi ceux qui restaient commencèrent à se former, au contact du syndicalisme français, en particulier communiste (CGTU jusqu'en 1936), les minces avant-gardes de la lutte révolutionnaire.

L'expropriation des terres, la croissance démographique et la sous-qualification des musulmans algériens, ajoutées à la crise, ont accéléré, à partir des années trente, deux processus : l'exode vers les villes (1,5 million en 1954 contre 580 000 en 1930) et l'émigration en métropole (environ 300 000 en 1956). Non seulement le sous-emploi agricole en Algérie n'a pas diminué (il touche près de la moitié de la population active en 1950), mais, en France même, le chômage des immigrés algériens s'accroît (un tiers en 1956). Il en résulte l'extension des bidonvilles (ci-dessus, à Montreuil) et de la «clochardisation».

Le choc du débarquement allié

La Seconde Guerre mondiale fut le choc qui déchira ce voile de fascination et d'ignorance. A vrai dire, grâce à l'importance acquise par l'Empire dans l'idéologie de Vichy, le désastre de 1940 n'eut pas d'effet immédiat sur les esprits. C'est du débarquement allié du 8 novembre 1942 qu'est née, dans l'ensemble du Maghreb, la véritable révolution des mentalités. Le vent de libération anticoloniale apporté par les troupes américaines, l'importance prise par les musulmans dans l'armée française d'Afrique et la centralité d'Alger dans les enjeux de la Résistance française ont touché en profondeur le peuple algérien, en même temps que ces événements incitaient les élites à organiser, pour leur compte, leur propre Libération. La Résistance prit alors le relais de la Révolution française dans l'imaginaire du mouvement national algérien. En sorte que de Gaulle déçut, lorsqu'il signa, dans la ligne de son discours de Constantine du 12 décembre 1943, l'ordonnance du 7 mars 1944 ouvrant aux musulmans l'accès à tous les emplois civils et militaires, et portant du tiers aux deux cinquièmes leur représentation dans les assemblées locales.

Le président américain F. D. Roosevelt, qui se posait en champion de la démocratie, était ouvertement hostile à la colonisation. Soutenu par Staline, il se heurtait sur ce point à Churchill. C'est une des raisons pour lesquelles, après le débarquement allié en Afrique, l'Anglais soutint à Alger de Gaulle contre les Américains. La position des «Yankees», ainsi que le spectacle de leur organisation et de leur puissance, ont exercé sur l'opinion musulmane une influence décisive. Le 20 décembre 1942, Abbas et Bendjelloul écrivaient à l'amiral Darlan pour exiger un nouveau statut.

La révolte de Sétif

Ainsi s'explique, bien plus que par la famine, la révolte sanglante qui éclata à Sétif, le jour de la signature de l'armistice, le 8 mai 1945. Vingt et un Européens furent massacrés. Cette explosion de violence n'était pas une surprise : le 1er mai, il y avait eu des morts à Alger. D'autres émeutes suivirent à Constantine, Bône, Batna, Biskra et surtout à Guelma, faisant 103 morts et 110 blessés, dans des conditions atroces, parmi les Européens. Mais le mouvement, spontané, tourna court.

La supériorité navvaire des Alliés, en fait de puissance maritime, est démontrée par l'emploi de 850 navires marchands et navires de guerre pour l'invasion de l'Afrique du Nord. Une partie de l'immense convoi passant devant le Roc de Gibraltar.

LA CHUTE DES DICTATEURS EST ASSURÉE

Après les massacres de Sétif (à gauche) : «L'épreuve de force des agitateurs s'est terminée par un échec complet, dû essentiellement au fait que le mouvement n'a pas été simultané. [...] Depuis le 8 mai, un fossé s'est creusé entre les deux communautés. Un fait est certain : il n'est pas possible que le maintien de la souveraineté française soit exclusivement basé sur la force» (rapport du général Duval au général Henry Martin, commandant le 19e corps d'armée à Alger, cité par Yves Courrière, *La Guerre d'Algérie*, 1970).

❝J'avais seize ans. Le choc que je ressentis devant l'impitoyable boucherie qui provoqua la mort de milliers de musulmans, je ne l'ai jamais oublié. Là se cimenta mon nationalisme.❞
Kateb Yacine, cité par C. H. Favrod, *La Révolution algérienne*, 1959

❝Les Français ont à conquérir l'Algérie une deuxième fois. Pour dire tout de suite l'impression que je rapporte de là-bas, cette deuxième conquête sera moins facile que la première. [...] C'est la force infinie de la justice, et elle seule, qui doit nous aider à reconquérir l'Algérie.❞
Albert Camus, *Combat*, mai 1945

La terrible répression conduite par le général Duval, appuyée sur l'aviation et la marine, rétablit le rapport de forces : elle fit officiellement 1500 morts – 45000 d'après la mémoire collective algérienne, et sans doute de 6000 à 8000, d'après les estimations de l'historien Charles-André Julien. Les caïds, notables traditionnels, et les anciens combattants musulmans se désolidarisèrent de l'émeute. Du côté français, on s'attela au statut de 1947. En apparence, rien n'était perdu.

En fait, les «séparatistes» tirèrent, plus tard, deux leçons de cet événement. La première était le constat que la terreur avait creusé le fossé entre Européens et musulmans : des milices de civils pieds-noirs avaient participé à la répression. La seconde était que le seul moyen de conduire une stratégie du faible au fort était de sortir le nationalisme algérien de ses divisions.

Placée sous la présidence d'honneur de l'émir Khaled, petit-fils d'Abd el-Khader, l'*Ouma*, organe indépendantiste de l'Etoile nord-africaine, s'est progressivement détaché du PCF à partir de sa prise en main par Messali Hadj en 1926.

Messali Hadj, le révolutionnaire

Précisément parce qu'il était inconstitué, le mouvement national algérien fut l'œuvre de quelques hommes – un révolutionnaire, un chef religieux, un bourgeois – sans lesquels rien n'aurait été possible, mais dont les thèses et les sensibilités étaient très différentes, voire opposées. Le premier, Messali Hadj (1898-1974), natif de Tlemcen, fut un de ces militants du tiers monde qui, comme le Vietnamien Hô Chi Minh, le Syrien Michel Aflaq et tant d'autres, sont devenus révolutionnaires à Paris. Le centralisme autoritaire dont il ne s'est jamais départi a puisé à cette source : pour cet adepte de la guerre sainte (*djihad*), comme plus tard pour le FLN, l'Etat et la communauté arabe (l'*ouma*) ne se séparaient pas. Proche du communisme à l'Etoile nord-africaine de 1926 à 1936, ce fils d'artisans, orateur charismatique, se rallia, par la suite, au nationalisme panarabe. En dépit de ses exils et de ses prisons, son parti, le PPA (Parti du peuple algérien), devenu le MTLD (Mouvement pour le triomphe des libertés démocratiques) après la guerre, comptait vingt mille membres et porta cinq députés à l'Assemblée nationale en 1946. Parallèlement à cette action légale, sa branche activiste, largement autonome, l'Organisation spéciale (OS), préparait l'insurrection armée. Le FLN, détaché du MTLD, en sortit en 1954. Messali Hadj fonda alors le Mouvement national algérien (MNA), dont la rivalité avec le FLN devait exercer des ravages.

Ben Badis, le chef religieux

Autre ancêtre prestigieux, le cheikh Abdelhamid Ben Badis (1889-1940), issu d'une très ancienne famille religieuse de Constantine, fédéra en 1931 à Alger les associations d'oulémas (docteurs de la loi),

Messali Hadj (ici à Belle-Ile-en-Mer en 1959) a passé seize ans en exil ou en prison. Faible théoricien, il a toujours prôné l'indépendance intégrale, mais son mot d'ordre était en 1936 : «Ni assimilation ni séparation, mais émancipation.»

théologiens partisans de la réforme (l'*islah*) qui travaillaient à rétablir l'identité de l'islam par un retour à l'interprétation du Coran (la *sounna*). Ce renouveau de l'orthodoxie musulmane était dirigé à la fois contre la culture française et contre les zaouïas, imams, muphtis et marabouts du rite malékite sur lesquels la politique indigène de l'administration française s'appuyait en partie. Un réseau de revues bilingues, de foyers, d'écoles primaires et de medersas (collèges religieux) répandait dans les villes et surtout dans les campagnes le slogan : «L'arabe est ma langue, l'Algérie est mon pays, l'islam est ma religion.» L'autorité coloniale commit l'erreur d'interdire la prédication des oulémas dans les mosquées. En 1936, l'arrestation du cheikh Taïeb el-Okbi, accusé d'avoir commandité le meurtre du muphti malékite d'Alger,

souleva des contestations qui donnèrent lieu à une série d'articles d'Albert Camus. Mais telle était l'empreinte de la République sur la conscience des colonisés que le mouvement des oulémas, populaire auprès des fellahs, s'est borné à revendiquer une réforme agraire et l'égalité des droits, avant de s'enfermer dans un intégrisme clérical, xénophobe et antiberbère après 1945.

Ferhat Abbas, le bourgeois

Si un homme a témoigné des impasses de la politique française, ce fut le troisième grand fondateur, Ferhat Abbas (1899-1985). Son évolution a mis en évidence, tour à tour, les espoirs de l'assimilation et ses déceptions. Ce notable originaire du Constantinois, marié à une Française, a d'abord fait partie de ces élites musulmanes laïcisées, prêtes à jouer le jeu de l'assimilation. A une condition : l'«émancipation des indigènes». Ses positions étaient alors proches de celles du leader algérien le plus en vue de l'entre-deux-guerres, le Dr Mohammed Bendjelloul. Déçu par l'échec du projet Blum-Viollette et après s'être fait illusion sur les intentions réformatrices de Pétain, il lança, le 10 février 1943, le fameux «Manifeste du peuple algérien», qui devint en 1946 la charte de l'UDMA (Union démocratique du Manifeste algérien), encore élitiste et favorable à une solution négociée. Le 21 avril 1956, il rejoignait le FLN au Caire. Son destin vérifiait le constat établi en 1955 par Albert Memmi dans son *Portrait du colonisé :* l'impossibilité d'une solution modérée.

Pétri de culture française, Ferhat Abbas (ci-dessous en 1948 avec son beau-frère, Ahmed Francis), avait écrit le 10 avril 1941 à Pétain ces lignes prophétiques : «Nous sommes à un carrefour... Il faut choisir : avancer pour élargir le cercle de la vie moderne, ou se résigner à voir un jour l'Orient moyenâgeux submerger, par le nombre, l'œuvre entière et la détruire.» Page de gauche : Ben Badis et le cheikh Taïeb el-Okbi.

CHAMBRE DES DÉPUTES

«Les départements d'Algérie font partie de la République, ils sont français depuis longtemps; leur population, qui jouit de la citoyenneté française et est représentée au Parlement, a donné assez de preuves de son attachement à la France. Jamais aucun gouvernement ne cèdera sur ce principe fondamental.»

Pierre Mendès France,
12 novembre 1954

CHAPITRE II
1954-1958 : LA RÉVOLUTION PAR LA TERREUR

"Je ne croyais pas que le pire fût si proche. [...] L'horreur de ce qui va se déchaîner doit être tout de suite adoucie par [...] les réformes de structure qu'appelle le peuple algérien. Et, coûte que coûte, il faut empêcher la police de torturer."
François Mauriac,
Bloc-Notes,
2 novembre 1954

L'insurrection de la Toussaint 1954, organisée par quelques hommes, fut le résultat d'une analyse et d'une stratégie. L'analyse constatait que la lutte pour l'indépendance algérienne s'inscrivait dans un mouvement mondial. En Egypte, la révolution militaire qui avait déposé le roi Farouk en 1952 avait réveillé l'orgueil arabe et fait du Caire, avec l'université d'Al Azar, un foyer de propagande islamique et de soutien aux nationalistes du Maghreb. Au Maroc et en Tunisie, l'agitation des partis nationalistes de l'Istiqlal et du Néo-Destour avait conduit Pierre Mendès France à reconnaître, le 31 juillet 1954, à Carthage, le principe de l'autonomie des deux protectorats. Peu auparavant, le 7 mai, le coup de tonnerre de Diên Biên Phu avait démontré l'isolement de la France et l'efficacité de la guerre totale contre le colonisateur. La stratégie des hommes de la Toussaint, inspirée de l'exemple vietnamien, consistait à unifier la résistance intérieure derrière un parti unique doté d'une armée et à créer une situation irréversible par la terreur. Ce programme ne fut pas réalisé en un jour. Il n'en était pas moins contenu en puissance dans la vague d'attentats du 1er novembre qui n'a pas été retenue sans raison comme l'acte fondateur de la guerre d'Algérie.

La défaite de Diên Biên Phu, le 7 mai 1954 (ci-dessous), suivie des accords de Genève le 21 juillet, a mis fin à une guerre aussi longue que la guerre d'Algérie. L'aveuglement de la métropole en Indochine a coûté à l'Union française 92 000 tués, 114 000 blessés et 28 000 prisonniers. Cette épreuve, suivie d'une flambée de nationalisme dans l'Empire, a conforté les fondateurs du FLN dans la certitude que l'indépendance algérienne ne pourrait être arrachée que par la violence, avec l'appui du tiers monde. L'abandon des soldats vietnamiens qui avaient servi dans l'armée française a laissé, au sein de cette dernière, un traumatisme profond.

La stratégie de l'action directe

Les organisateurs du 1er novembre venaient, pour la plupart, de l'éphémère Organisation spéciale (OS), section armée du MTLD de Messali Hadj, fondée en 1947 par le Dr Lamine Debaghine et prise en main par Ahmed Ben Bella en 1949. A partir de 1950, des dirigeants de l'OS (Mohamed Khider, Aït Ahmed

- B E N B E L L A Mohamed -
dit " Hemmided "

Alias MERTOUCHE Abdelkader - MEZZIANI Messaoud -

TRES DANGEREUX

"Un vrai groupe de copains qui se font photographier ensemble. [...] Deux grands échalas, debout, encadraient deux plus petits. Les mains derrière le dos comme à l'école. Devant eux, assis sur des tabourets, deux hommes les mains sur les genoux. Le photographe avait l'habitude des photos de groupe. [...] Il venait, sans le savoir, de réaliser la première photo historique de la guerre d'Algérie.

et Ben Bella) durent se réfugier au Caire. En Algérie, tandis que le MTLD, très affaibli, se déchirait entre messalistes et centralistes (partisans de la négociation), dirigés, entre autres, par Lahouel Hocine et Benyoucef Ben Khedda, un troisième groupe, issu de l'OS et partisan de l'action directe, se forma en vue de réunifier le mouvement.

Ainsi naquit, le 23 mars 1954, le Comité révolutionnaire pour l'unité et l'action (CRUA), dont les cinq fondateurs étaient Mohamed Boudiaf, son adjoint, Mourad Didouche, Larbi Ben M'Hidi, Mostefa Ben Boulaïd et Rabah Bitat. Forts du ralliement du maquisard kabyle Belkacem Krim après une réunion des vingt-deux cadres du mouvement tenue en juin à Alger, le «groupe des six» fut bientôt désavoué par Messali et par les centralistes.

La seule photo que l'on connaisse, réunissant les six chefs du FLN. [...] Ce dimanche 24 octobre 1954 venait de se tenir l'ultime réunion des Six avant l'insurrection.**"**
Yves Courrière, *Les Fils de la Toussaint*, 1968
(Sur la photo, de gauche à droite : au fond, Bitat, Ben Boulaïd, Didouche et Boudiaf; au premier plan, Krim et Ben M'hidi. En médaillon, la fiche de police de Ben Bella. A gauche, Krim dans le maquis kabyle.)

C'est alors que, coupant les ponts, il s'institua, le 23 octobre, en Front de libération nationale (FLN), doté d'une armée, l'ALN. Décidée à employer «tous les moyens», la nouvelle organisation se voulait au-dessus de tous les partis. La date de l'insurrection fut fixée au 1er novembre. Le processus de la terreur s'enclenchait.

La «Toussaint sanglante»

L'action devait être synchronisée en trente points du territoire, découpé en six zones – les futures *wilayas*. La consigne était de saboter des objectifs, de saisir des armes, et, pour bien marquer le caractère militaire de l'entreprise, de ne pas s'en prendre, pour l'heure, aux civils. L'impatience du commando de Biskra atténua l'effet de surprise. Le bilan s'établit de sept à dix morts selon les sources, et à six blessés. La plupart des objectifs importants (dont le central téléphonique d'Alger et la caserne d'Oran) furent

Une **trentaine d'attentat**
sont commis simultanément e

manqués. Malgré les consignes, des civils furent frappés : un colon à Dahra, et, dans les gorges de Tighanimine, l'instituteur Guy Monnerot, mitraillé au côté d'un caïd ancien combattant, Hadj Saddok, sur la route qui menait le jeune enseignant à son premier poste.

«L'Algérie, c'est la France»

Le ministre de l'Intérieur, François Mitterrand, venu en Algérie du 16 au 22 octobre, après le tremblement de terre d'Orléansville, avait pourtant été alerté par le directeur de la Sécurité générale, Jean Vaujour. La réaction à l'événement fut à la hauteur de cette imprévoyance : sous-estimation de sa portée politique, exagération

Le président du Conseil Pierre Mendès France et son ministre de l'Intérieur François Mitterrand (ci-dessous en 1954) avaient été prévenus.

erroristes Algérie

de la répression. Le gouverneur Roger Léonard ne voulut y voir que la main du Caire. François Mitterrand fit, le 7 novembre, la déclaration restée fameuse : «L'Algérie, c'est la France.» Le 12 novembre, le président du Conseil Pierre Mendès France réitérait : «Entre l'Algérie et la métropole, il n'y a pas de sécession concevable.» C'était le sentiment de tous les partis, à l'exception du PCF, qui réprouva simultanément les attentats et le colonialisme. Le pouvoir s'engagea, il est vrai, à accélérer la réalisation du statut de 1947. Mais le radical René Mayer ne voulut rien entendre et contribua à faire tomber le gouvernement, le 6 février 1955.

Dirigée dès 1947 par Krim Belkacem et Omar Ouamrane, la Kabylie a été le berceau de la résistance paysanne en Algérie. L'armée française a dû s'adapter à sa tactique de guérilla (ci-dessus, une arrestation fin 1954). Représentés également par Abbane Ramdane, Aït Ahmed et Omar Oussedik, les Kabyles ont formé la composante «laïque» du FLN, combattue par Ben Bella.

ALGÉRIE C'EST LA FRANCE
LA FRANCE NE RECONNAITRA PAS
IEZ ELLE D'AUTRE AUTORITÉ QUE LA SIENNE

En regard de ces discours aveugles, la répression fut, une fois de plus, disproportionnée. La décision de dissoudre le MTLD, le 5 novembre, suivie de deux mille arrestations en France et en Algérie – dont celle de Ben Khedda – accéléra le ralliement de nombreux centralistes au FLN. Sur les cendres du MTLD, Messali Hadj, soucieux de reprendre la main, reconstitua un nouveau parti, rival du FLN : le MNA (Mouvement national algérien). Le général Cherrière, à la tête d'un effectif porté à plus de quatre-vingt mille hommes, multiplia des opérations de «ratissage» qui favorisèrent l'extension de la révolte à la Kabylie.

Jacques Soustelle : un proconsul «libéral»

Telle est la situation devant laquelle Jacques Soustelle se trouva, lorsque le nouveau gouverneur de l'Algérie, nommé par Mendès France et confirmé par Edgar Faure, prit ses fonctions, le 15 février 1955. L'accueil, à Alger, fut glacial. Pionnier de la France libre, député gaulliste, ancien secrétaire général du Rassemblement du peuple français (RPF), ce philosophe spécialisé dans la civilisation aztèque regardait la politique avec des intérêts d'anthropologue. Il prit à son cabinet la sociologue Germaine Tillion et un ancien officier arabisant, Vincent Monteil, qui fut chargé de prendre contact avec les nationalistes algériens. Sur le terrain, Soustelle interdit la pratique de la torture par les DOP (Détachements opérationnels de protection), qui lui fut signalée dès le 2 mars, en Kabylie; il fit libérer de prison des «centralistes», parmi lesquels Ben Khedda, et mit un terme aux «ratissages» : le général Cherrière fut remplacé par le général Lorillot.

Évacuation des populations des Aurès en décembre 1954 (ci-dessus).

C'est également sous le proconsulat de Soustelle que le général Parlange, nommé par celui-ci dans les Aurès, mit en place les SAS (Sections administratives spécialisées) inspirées des anciens «bureaux arabes». Etendus à tout le territoire à partir de septembre 1955, ces centres devinrent un instrument de «quadrillage» des populations et, souvent, de conquête des cœurs.

Les déconvenues de l'intégration

Mais cet intellectuel protestant aux vues larges trouva en face de lui trois obstacles. Le premier fut une opposition quasi unanime à son «plan» d'intégration. Plus souple que l'assimilation, dont l'échec était évident, cette formule, que l'on dirait aujourd'hui «multiculturelle», impliquait le collège électoral unique, c'est-à-dire l'envoi au Palais-Bourbon d'une centaine de députés d'Algérie, en majorité musulmans. La crainte que la France devînt «la colonie de sa colonie» (Herriot) coupa court au projet. Pour les libéraux d'Algérie, de Jacques Chevallier, maire d'Alger, à Ferhat Abbas et Abderrhamane Farès, président de l'Assemblée algérienne, la solution fédérale était préférable. Edgar Faure soutint son ministre du bout des lèvres.

Libéral de tempérament, Soustelle (en bas, à gauche) s'est d'abord entouré de Germaine Tillion, une des rares survivantes du réseau de résistance du musée de l'Homme, qui voulait créer des centres socio-éducatifs auprès des tribus chaouïas des Aurès (en haut, à gauche), et d'un ancien officier des Affaires indigènes, Vincent Monteil, disciple de l'orientaliste Louis Massignon. Il a soutenu l'implantation des SAS, tenues par des officiers arabisants (ci-dessus), et noué des contacts positifs avec l'entourage de Ferhat Abbas. L'implacable stratégie du FLN et la crainte que la violence ne s'étende l'ont fait passer de la «pacification» à la répression.

Le deuxième obstacle était la situation juridique qui interdisait de reconnaître un état de guerre entre la France et l'Algérie. On parlait, par euphémisme, de «pacification». Devant la multiplication des actes de terrorisme à partir du printemps 1955, les colons réclamèrent l'état de siège, ce qui eût signifié la guerre. Restait l'état d'urgence, qui fut voté le 3 avril 1955. Ce régime d'exception s'appliquait, en principe, à une zone déterminée. Il était limité à la durée de la législature. Mais il fut vite outrepassé. Les assignations à résidence ouvrirent la voie aux camps d'«hébergement», dont les premiers apparurent dans la zone de Sétif. Entre la pacification et l'ouverture, que Soustelle rêvait de conduire de front, la contradiction s'accusait. Le 19 mai, le gouvernement était contraint de rappeler plusieurs classes, ce qui porta les effectifs à cent quatorze mille hommes au 1er juillet. Germaine Tillion et Vincent Monteil ne tardèrent pas à démissionner.

Les Aurès, dans le Sud-Constantinois, sont la zone où le sentiment anti-Français était le plus profond : le FLN a songé à y décréter la levée en masse. C'est là que l'insurrection du 1er novembre a fait le plus grand nombre de tués. Là qu'ont eu lieu les premiers attentats frappant délibérément les civils en mai 1955.

L'escalade du 20 août 1955

Le troisième obstacle fut l'explosion de violence inouïe que le FLN déclencha le 20 août 1955, jour anniversaire de la déposition, deux ans plus tôt, du sultan du Maroc Mohamed Ben Youssef. Le FLN venait d'être associé au premier «sommet» afro-asiatique tenu à Bandoeng, le 18 avril. Il lui fallait conforter sa position dans le tiers monde par un coup d'éclat. Il s'agissait surtout d'empêcher un rapprochement entre le gouvernement général et les nationalistes modérés. Depuis le début de l'année, le mouvement avait reçu des coups très durs. En janvier, Mourad Didouche avait été abattu. Au cours des deux mois suivants, Mostefa Ben Boulaïd et Rabah Bitat avaient été arrêtés. Soustelle venait de déclarer, retour des Aurès : «La confiance revient.» Une étape nouvelle dans l'escalade s'imposait.

Ce fut Youssef Zighout, successeur de Didouche à la tête de la wilaya II, qui en prit l'initiative, le 20 août 1955 à midi. Tandis qu'au Maroc, le même jour, se déclenchaient les massacres d'Oued Zem (quatre-vingt-dix morts), la rumeur d'un débarquement de troupes égyptiennes à Collo et

C'est également dans les Aurès qu'ont surgi les premières interdictions du FLN de fumer et de boire de l'alcool – sous peine d'avoir le nez et les lèvres coupés. Les premiers camps d'«hébergement», apparus à M'sila, au sud de Sétif, en application de l'état d'urgence, visaient, en principe, à protéger les populations et à écarter les «suspects» (en bas, à droite). Les troupes immobilisées dans la zone par la stratégie du «ratissage» du général Cherrière ont contribué à dégarnir les autres positions et ont exercé sur les musulmans des effets psychologiques déplorables.

l'invocation de la *djihad* suffirent pour que quelques milliers de paysans, encadrés par l'ALN, se déchaînent dans la zone traditionnellement agitée de Philippeville, Constantine et Guelma. Le massacre, perpétré à l'arme blanche, n'épargna ni femmes, ni enfants – notamment à la mine d'El-Alia. Près de la moitié des 123 tués furent des musulmans modérés – parmi lesquels, à Constantine, le neveu de Ferhat Abbas.

Après les massacres du 20 août 1955, qui ont culminé à El-Alia, la peur monte chez les Européens qui s'inquiètent de l'avenir de «l'Algérie française» (affiche du Front national des combattants, à gauche). La première photo de maquisards algériens publiée alors en France par *L'Express* (ci-dessus) soulève protestations et indignation.

Le «sacre» de Soustelle

La suite fut telle que le FLN l'avait programmée : comme en 1945, la répression militaire et la reconstitution de milices privées firent officiellement 1 273 victimes – sans doute beaucoup plus.

Les modérés se découragèrent. Le 26 septembre 1955, à Alger, le Dr Bendjelloul lui-même, le leader francophile du Mouvement des élus d'avant-guerre, réunit à Alger plus des deux tiers des élus musulmans en faveur de l'indépendance : la «motion des 61» fut suivie, en novembre, de la démission en bloc des délégués de l'UDMA de Ferhat Abbas à l'Assemblée algérienne pour protester contre le report des élections de deux mois. En France, le rappel, le 24 août 1955, de soixante mille soldats du contingent récemment libérés, et, le 30 août, le maintien sous les drapeaux de cent quatre-vingt mille libérables provoquèrent les premières manifestations de «rappelés». Le 30 septembre, l'ONU inscrivait la «question algérienne» à l'ordre du jour.

La répression qui a suivi le 20 août a considérablement renforcé les maquis du FLN (ci-dessous). «L'anéantissement de dix villages, [...] la fuite de tous les hommes dans la montagne, le massacre d'une cinquantaine de femmes, d'enfants et de vieux, [...] ces crimes répondaient à des crimes, comme au Maroc une répression sauvage vient de répondre à un massacre sauvage; mais ce massacre s'inscrivait aussi, dans la cervelle obscure des assassins, à la colonne des comptes à rendre» (François Mauriac, *Bloc-Notes*, 3 septembre 1955).

Soustelle restait persuadé que, du côté des réformistes algériens, rien n'était encore perdu. Mais l'horreur que les atrocités de l'ALN lui inspiraient l'inclina vers la stratégie souhaitée aussi bien par les terroristes que par les ultras : «répression d'abord, réformes ensuite». Ce revirement fut la cause de sa soudaine popularité et de son départ. En France, en effet, Edgar Faure décida par surprise, le 2 décembre 1955, de dissoudre l'Assemblée. L'état d'urgence en Algérie expirait en principe en même temps que la législature. Soustelle invoqua la jurisprudence des «circonstances exceptionnelles» pour le proroger. C'est ainsi que, face à la nouvelle majorité de Front

Les noms de l'étudiant activiste Pierre Lagaillarde, du cafetier poujadiste Ortiz (fournisseur des célèbres tomates) et de l'avocat gaulliste Jean-Baptiste Biaggi figuraient déjà parmi les organisateurs des «violents incidents» qui ont accompagné la venue de Guy Mollet à Alger le 6 février 1956.

MALGRÉ L'ORDRE "A.C." ET UN DÉPLOIEMENT DE FORCES GIGANTESQUE

L'ÉCHO D'ALGER

L'arrivée de M. Guy MOLLET à Alger a été marquée par de violents incidents

républicain (mendésistes, socialistes, mitterrandistes de l'UDSR et républicains-sociaux), le gouverneur général se trouva investi des angoisses et des espérances des Français d'Algérie. Lorsqu'il quitta le palais d'Eté, le 2 février 1956, le triomphe que lui fit la foule laissa en lui une trace ineffaçable.

Guy Mollet : l'enlisement

Au lendemain d'élections de crise, marquées par la percée poujadiste (60 députés, 12,8 % des voix), le socialiste Guy Mollet fut appelé par René Coty. Le nouveau président du Conseil forma, sans les mendésistes, mais avec Pierre Mendès France, le cabinet le plus à gauche depuis le ministère Ramadier de 1947. Sa politique coloniale s'affirmait libérale. L'indépendance du Maroc et de la Tunisie fut reconnue en mars 1956. En Afrique noire, la perspective de l'autonomie fut ouverte par la loi-cadre Defferre. En Algérie, le leader de la SFIO

voulait en finir avec une guerre «imbécile». Mais sans préciser comment, ni pour quoi faire. Dans son discours, le dogme de «l'Algérie française» demeurait inentamé. Pour remplacer Soustelle, Mollet nomma «ministre résident» un libéral, disciple de Lyautey, le général Catroux, qu'il décida d'introniser lui-même à Alger le 6 février 1956. Sa surprise fut totale.

Les tomates d'Alger

Les pieds-noirs, infantilisés depuis trop longtemps par la politique parisienne, ne toléraient pas d'être sacrifiés à ce qu'ils considéraient comme l'aveuglement égoïste de la métropole. Menacés dans leurs biens et dans leurs vies, et persuadés que l'abandon de l'Algérie signifierait pour la nation un déclin irrémédiable, ils se percevaient comme le dernier carré de la Résistance, le dernier rempart de l'orgueil français. Le 6 février 1956, une

En visite dans le Constantinois (ci-dessous) après le choc d'Alger, Guy Mollet n'a pas cru se renier en choisissant de pacifier avant de négocier. Il était loin pourtant de l'état d'esprit qui lui avait fait écrire dans *Le Populaire* du 20 décembre 1955 : «Saurons-nous répondre à la revendication universelle des peuples à qui l'Europe a enseigné les libertés et les droits de l'homme? [...] Les Français répondront le 2 janvier. Ils diront sans équivoque quel est leur choix entre cet avenir de réconciliation et de paix et, d'autre part, une guerre imbécile et sans issue.»

manifestation violente, accompagnée d'un bombardement de tomates resté légendaire, accueillit le chef du gouvernement.

Guy Mollet réagit en métropolitain, en socialiste et en républicain. Le métropolitain fut ébloui par la splendeur de la Ville blanche. Le socialiste découvrit qu'il n'avait pas devant lui des «gros colons», mais des milliers de pauvres gens. Le républicain jugea que l'Algérie, province française depuis plus d'un siècle, n'était pas l'Indochine, et que le FLN, soutenu par l'étranger, était beaucoup moins bien implanté dans le peuple que le Viêt-minh. L'éradication du terrorisme pouvait donc être posée comme un préalable.

«Cessez-le-feu, élections, négociations», tel devint son mot d'ordre. Une visite dans le Constantinois le convainquit que des réformes économiques permettraient de gagner la guerre psychologique. Le 9 février, Catroux ayant «renoncé», le socialiste Robert Lacoste fit une entrée discrète au palais d'Eté. Le mois suivant, le FLN aggravait sa pression jusque dans l'Algérois et l'Oranie. Le 16 mars, Alger connut ses premiers attentats et son premier couvre-feu.

Les «pouvoirs spéciaux»

Devant la multiplication des égorgements, des troupeaux détruits, des cultures razziées, Lacoste réclama des «pouvoirs spéciaux» qui furent votés le 12 mars 1956, à une forte majorité, avec l'appui mitigé des communistes et malgré l'opposition de Gaston Defferre et de Mendès France. Ce dernier devait donner sa démission le 28 mai. L'état-major, de son côté, exigeait des renforts. Guy Mollet répugnait à envoyer le contingent. Mais le malaise grandissait dans l'armée : les généraux Guillaume, chef d'état-major général, et Zeller, chef d'état-major

Guy Mollet a cru possible de mener de front la répression et les réformes. Encore eût-il fallu qu'il puisse maîtriser l'escalade de la violence. Plus que le fond de sa politique, son échec dans ce domaine (illustré par cette caricature allemande) a éloigné de lui Mendès France, qui lui écrivait le 25 mai : «Le recours aux armes était pour nous, hélas! nécessaire. J'aurais même préféré, vous le savez, l'envoi plus rapide d'effectifs plus nombreux. Mais [...] si nous voulons sauver la présence française, il faut au plus tôt ramener à nous les éléments de la population qui ont si longtemps fait confiance à la France pour assurer leur émancipation graduelle.» Le malheur est que les musulmans modérés ont commencé à rejoindre le FLN à partir du printemps 1956.

de l'armée de terre, démissionnèrent le 28 février. Ely et Blanc les remplacèrent. 200 000 jeunes gens des classes 1951 à 1954 furent rappelés, à raison de 80 000 en mars, 70 000 en avril et 50 000 en mai, portant les effectifs à environ 400 000 hommes. Ce chiffre devait être maintenu jusqu'à la fin du conflit. La durée du service militaire fut allongée à vingt-sept mois.

L'envoi du contingent, préféré à un recrutement sur place, était dans la logique républicaine.

«Il faut que les armes se taisent, et des élections libres et loyales seront alors organisées dans les trois mois» (Guy Mollet, 28 février 1956). Ce discours était démenti par la réalité des arrestations quotidiennes (ci-dessus).

Mais cette décision ne pouvait aboutir qu'à creuser le fossé entre les Français de France et les pieds-noirs, tout en aggravant la dépendance de ces derniers par rapport à la métropole. Le 18 mai 1956, à Palestro, une section de jeunes rappelés de la région parisienne tomba dans une embuscade de l'ALN. Vingt corps furent retrouvés, atrocement

mutilés. Le même jour, à la gare de Grenoble, deux mille manifestants, en majorité communistes, se heurtaient aux CRS pour empêcher le passage d'un train de rappelés. Des décrets, pris en mars et avril, divisèrent le territoire algérien en trois zones : «opérations» (la guerre); «protection» (les SAS), «zones interdites» (2 millions de personnes au total évacuées vers les camps de «regroupement»). Jugeant la situation irréversible, Ferhat Abbas rejoignit le Caire le 21 avril.

Terroristes et contre-terroristes

Durant cette malheureuse année 1956, le gouvernement Guy Mollet entrait à reculons dans une guerre qu'il n'avait pas voulue. Aussi ne faut-il pas s'étonner que l'essentiel de la partie se soit joué sans lui. Des réformes importantes furent, sans doute, engagées : création de huit départements, suppression effective des communes mixtes, mise en place de «délégations spéciales» d'indigènes, promotion de musulmans dans la fonction publique, abolition de privilèges fiscaux, dissolution d'organisations européennes activistes et surtout, à partir d'avril, rachat de terres de plus de 50 hectares en vue de leur redistribution. Mais les Algériens modérés se terraient, les Européens s'exaspéraient, les textes d'application ne suivaient pas. Le 10 août, rue de Thèbes, dans la Casbah d'Alger, les ultras prirent, à leur manière, les choses en main : un attentat «contre-terroriste» tua, selon les sources, de 15 à 70 musulmans, dont des enfants. En réponse, les attentats du FLN redoublèrent à Alger à partir du 30 septembre (*Milk Bar* et *Cafeteria*).

Si les opérations en Algérie étaient menées par les troupes d'intervention (parachutistes, légionnaires, etc.), les missions de quadrillage furent confiées au contingent (page de gauche), avec l'appoint des unités territoriales et des supplétifs musulmans (harkis, moghaznis, groupes mobiles de protection, groupes d'autodéfense). Faute d'expérience, les premiers résultats furent décevants et l'action psychologique très faible (voir ci-dessus les affiches comparant les fellaghas aux sauterelles). «Au lieu de s'occuper de la population, qui constitue le nœud de la question, [l'armée] poursuit fiévreusement les rebelles qui n'en constituent qu'un aspect secondaire» (Jean-Jacques Servan-Schreiber, *Lieutenant en Algérie*). Il fallut attendre l'arrivée de Salan, en décembre 1956, pour que la stratégie s'adapte à la guerre subversive.

De la fin 1955 à septembre 1956, l'opération «Oiseau bleu», conçue par le cabinet de Soustelle, visait à recruter une «force K» de Kabyles pour lutter à armes égales contre les maquis de Krim Belkacem. Ce dernier en profita pour infiltrer l'armée française et lui infliger un échec cuisant. Il fallut l'intervention du «11e choc» du capitaine Hentic et les «casquettes» du 3e RPC du colonel Bigeard, ancien d'Indochine (ci-contre), pour venir à bout des déserteurs de la «force K».

"C'est l'échec complet de l'armée classique. Celle qui méprise l'adversaire, celle qui ne le considère que comme une poignée de bandits sans idéal. [...] Après l'Aurès, après le Constantinois, après la Soummam, après l'Algérois, la haute Kabylie entre dans la danse. A la fin de l'opération «force K-Oiseau bleu» l'insécurité règne partout. L'armée classique est tenue en échec. La preuve est faite. La guerre psychologique, les tentatives d'intox, les contre-maquis, autant d'armes dont elle ne sait pas se servir. Le temps des léopards est arrivé.**"**

Yves Courrière,
Le Temps des léopards,
1969

L'enlèvement de Ben Bella

L'armée elle-même commençait à n'en faire qu'à sa tête. Le 22 octobre 1956, le général d'aviation Frandon et le général Lorillot, assurés seulement de l'accord du secrétaire d'Etat aux Armées Max Lejeune, prirent sur eux de faire intercepter l'avion qui transportait de Rabat à Tunis Aït Ahmed, Boudiaf, Ben Bella, Khider et un professeur algérien, Mostefa Lacheraf. Lacoste, absent lors du détournement, et le président du Conseil, non prévenu, durent assumer. Les leaders algériens, plus que jamais divisés, étaient alors engagés dans une négociation triangulaire avec Mohamed V, Bourguiba et la SFIO. Khider, en mars, avait admis le principe de discussions sans préalable. En août 1956, un congrès décisif tenu dans la vallée de la Soummam avait imposé les

Après le détournement du D.C. 3 marocain transportant Ben Bella, Boudiaf, Aït Ahmed, Lacheraf et Khider (ci-dessus) : «Bien joué! Ce fut le premier mot. [...] Mais notre second mouvement, presque immédiat, fut de nous interroger sur les conditions étranges de cette histoire. [...] Dieu sait si j'eusse préféré, moi aussi, céder à l'euphorie et, comme tous mes confrères, emboucher une joyeuse trompette. Et il est vrai que je ne suis pas juge des conséquences militaires de ces arrestations. Peut-être seront-elles heureuses? J'ai beau faire, je ne m'attends à rien d'heureux» (François Mauriac, *Bloc-Notes*, 26 octobre 1956.)

vues du Kabyle Abbane Ramdane, devenu la figure de proue de la «résistance intérieure». Une direction collégiale avait été créée : le CNRA (Conseil national de la révolution algérienne), coiffé par les cinq membres du CCE (Comité de coordination et d'exécution). La primauté des politiques (laïques et marxisants) sur les militaires avait été affirmée. Directement visé, le leader de la résistance extérieure, Ben Bella, avait désavoué le congrès. Son arrestation brutale rétablissait son prestige et ressoudait, pour un temps, l'union sacrée. Le 25 octobre, Alain Savary, ministre des Affaires tunisiennes et marocaines, démissionnait.

Suez et le malaise dans l'armée

L'erreur la plus lourde de conséquences fut l'expédition de Suez des 5 et 6 novembre 1956. La cause directe de l'opération franco-britannique était la nationalisation du canal de Suez par le colonel Nasser en juillet. La cause profonde était le souci de la France, de la Grande-Bretagne et de leur allié israélien de porter un coup au nationalisme arabe.

En frappant Nasser (ci-dessus, lors de la nationalisation du canal de Suez, et ci-dessous, avec Ben Bella), Guy Mollet voulait atteindre le FLN. Mais le soutien principal de ce dernier venait du Maroc et de Tunisie.

L'intervention diplomatique des Etats-Unis et de l'URSS et la reculade franco-anglaise qui s'ensuivit donnèrent au FLN un regain d'audience internationale inespéré. Le 16 novembre, à l'ONU, l'habile M'Hammed Yazid obtint la réinscription de la question algérienne à l'ordre du jour. Frustrée de sa victoire en Egypte, l'armée française, notamment la 10e division parachutiste du général Massu, dissimulait de plus en plus mal son amertume. La méfiance s'installait. Le général Jacques Faure, adjoint à la Région d'Alger, fut accusé de complot par Paul Teitgen, secrétaire général de la police, et mis aux arrêts de rigueur en décembre 1956. En novembre, un officier général prestigieux, Raoul Salan, surnommé «le Mandarin», qui avait succédé à de Lattre en Indochine et que l'on disait libéral, remplaçait le général Lorillot.

JEUDI, 20 SEPTEMBRE 1956

RESISTA
ALG
Organe du Front de Libér
Pour la Défense

Edition : B   ...LA REVOLUTION PAR LE PEUPLE E

L'ECHEANCE

Le désarroi économique et moral

A la fin de l'année 1956, l'ALN, durement frappée, notamment en Kabylie, mais organisée en souples *katibas* (compagnies), tenait toujours le terrain. Grâce aux contributions le plus souvent arrachées aux fellahs d'Algérie et aux cotisations levées parmi les trois cent mille immigrés de la métropole, ses moyens s'amplifiaient. En France, un mauvais hiver, ajouté à l'équipée de Suez et au défaut de main-d'œuvre résultant de l'envoi du contingent, rendait la charge financière de la guerre de plus en plus lourde. La spirale des déficits, de l'inflation et de la rigueur s'amplifiait. C'est alors qu'apparurent, à droite, les premières remises en cause du conflit : celle de Raymond Aron, qui, dès avril 1956, soulignait l'urgence de mettre un terme à une aventure coloniale condamnée d'avance par les coûts, le déséquilibre démographique et la pression internationale, et, durant l'été 1956, celle du père du «cartiérisme», Raymond Cartier, résumée

L e FLN avait besoin du soutien de l'ONU pour se faire reconnaître comme l'instance représentative du peuple algérien. Or, comme l'observait Raymond Aron dans *La Tragédie algérienne*, «il n'y a pas, en Algérie, de parti qui soit l'équivalent du Néo-Destour et de l'Istiqlal, qui soit un interlocuteur valable, c'est-à-dire capable d'encadrer et d'apaiser les masses. Ceux qui dirigent, militairement ou politiquement, les maquis [page de droite] ne sont pas organisés en un parti, ils n'ont pas un chef et ils sont plus intransigeants que les nationalistes de Tunisie et du Maroc».

dans le célèbre slogan :
«La Corrèze avant le Zambèze».

La bataille de l'écrit

Mais la contestation la plus radicale est venue des intellectuels de gauche, indignés par le «national-molletisme» et, à un moindre degré, par le double langage du PCF – ce dernier ayant attendu la reconnaissance *de facto* du FLN par Moscou à la fin de 1960 pour s'engager en faveur de l'indépendance. Pour ces combattants de l'écrit, le problème posé par la «sale guerre» était surtout moral.

"Les tenants honnêtes du dialogue pensent, s'ils ne l'écrivent pas, que la négociation renforcerait les modérés, permettrait aux dirigeants de l'insurrection de sortir de l'ombre et, du même coup, les éloignerait du Caire. [...] Je ne connais pas un seul observateur de bonne foi qui, en privé, n'éprouve des inquiétudes sur le destin de la République algérienne, après des élections manipulées par le Front national.**"**
Raymond Aron,
La Tragédie algérienne

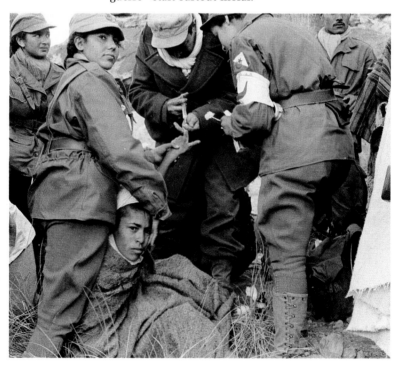

Leurs références étaient l'affaire Dreyfus et la Résistance. A cette différence près que le conflit algérien, horrible de part et d'autre, n'opposait pas le juste à l'injuste, le spirituel au temporel, le bien au mal. On le vit à propos du débat sur la torture, ouvert le 13 janvier 1955 par Claude Bourdet dans un article de *France Observateur*, «Votre Gestapo d'Algérie», deux jours avant la fameuse chronique de François Mauriac dans *L'Express*, titrée : «La Question». D'un côté, les dénonciateurs des atrocités françaises avaient le sentiment de lutter contre la menace fasciste, pour les droits de l'homme et la démocratie. Telle était la conviction de quelques catholiques comme André Mandouze, Henri-Irénée Marrou, Louis Massignon, l'équipe de la revue *Esprit*, Mᵍʳ Liénart, et Mᵍʳ Duval, archevêque d'Alger. Tel fut également le cas d'universitaires de gauche (Pierre Vidal-Naquet, Laurent Schwartz) soutenus par le directeur des Editions de Minuit, Jérôme Lindon; ou plus tard, en 1957, de personnalités moins nettement engagées : le général Paris de la Bollardière, le journaliste Jean-Jacques Servan-Schreiber, l'écrivain catholique Pierre-Henri Simon, et même l'ancien gouverneur général Robert Delavignette.

A la différence des *Temps modernes* de Sartre et de Francis Jeanson, la revue *Esprit* de Jean-Marie Domenach et de Paul Thibaud, favorable aux négociations et à l'indépendance, refusait tout soutien actif au FLN. Prépublié dans son journal *L'Express*, *Lieutenant en Algérie*, de Jean-Jacques Servan-Schreiber fit scandale en 1957.

Une justice introuvable

En face, les adversaires des méthodes du FLN n'avaient pas moins la certitude de défendre, eux aussi, les valeurs de la République et de la Résistance. En avril 1956, une «libre opinion» du *Monde*, «France, ma patrie...», dans laquelle Henri-Irénée Marrou assimilait la torture aux pratiques de la Gestapo, provoqua, dans le même quotidien, un appel «pour le salut et le renouveau de l'Algérie française» signé du cardinal Saliège, d'Albert Bayet, de Paul Rivet, de Georges Duhamel, de Jacques Soustelle et du recteur Jean Sarrailh, tous anciens antifascistes notoires. Le 23 mai 1956, des professeurs à la Sorbonne, dont Raymond Aron, indignés par l'amalgame de Marrou, rappelaient les crimes des «fellaghas» et apportaient leur soutien

moral aux jeunes appelés. L'affaire ne fut simple que pour les «porteurs de valises», totalement engagés dans le combat du FLN au côté de Jean-Paul Sartre et de Francis Jeanson.

Ces querelles d'intellectuels n'avaient guère d'influence sur une opinion dominée par l'attentisme. Mais elles attestaient que le débat algérien prenait le pas sur tous les autres, y compris la révélation du rapport Khrouchtchev en février 1956 et la nouvelle de l'écrasement de Budapest par les chars russes, en novembre. A droite, les partisans de l'Algérie française, persuadés, pour la plupart, de défendre la République, ne voyaient pas la pente qui risquait de les rapprocher d'une subversion fascisante. A gauche, le combat pour la morale et contre le colonialisme amenait à sous-estimer

Le témoignage de «J.-J. S.-S.» entraîna la mise aux arrêts de forteresse du général de la Bollardière, qui avait soutenu celui-ci. Mais s'il dénonçait les méthodes de pacification, il ne remettait pas en cause la finalité de la guerre. La distinction établie par P. Vidal-Naquet entre anticolonialistes «dreyfusards», «bolcheviks» et «tiers-mondistes» (affiche ci-dessus) rend assez bien compte de ces différentes sensibilités.

Le parti de la trêve

"De quoi s'agit-il? D'obtenir que le mouvement arabe et les autorités françaises, sans avoir à entrer en contact ni à s'engager à rien d'autre, déclarent simultanément que, pendant toute la durée des troubles, la population civile sera, en toute occasion, respectée et protégée. [...] Cette nécessité apparaît d'autant plus urgente lorsqu'il s'agit d'une lutte qui, à tant d'égards, prend l'apparence d'un combat fratricide.**"**

Albert Camus à Alger,
21 janvier 1956

les conséquences de l'aide objective ainsi apportée à un mouvement terroriste à vocation totalitaire. Le sort des pieds-noirs et des musulmans fidèles à la France était le grand absent de ces polémiques. Le seul qui ait eu conscience du dilemme fut Albert Camus. Ses chroniques de *L'Express* et son appel à la «trêve civile», lancé à Alger le 21 janvier 1956, soulevèrent, de part et d'autre, un rejet à la suite duquel l'écrivain, déchiré entre sa «mère» et une justice introuvable, décida de garder le silence.

UN HOMME A DISPARU

MAURICE AUDIN

L'engrenage de la violence

Dans ce contexte, le FLN se crut assez fort pour faire monter d'un cran les actions de terrorisme urbain dont, depuis mars, Abbane Ramdane s'était fait le théoricien. Le succès, à Alger, de la grève du 1er novembre le poussait dans ce sens, ainsi que le ralliement de

militants européens, pour la plupart communistes :
l'aspirant Maillot, Fernand Iveton, condamné à mort
en février 1957, Maurice Audin, assistant à la faculté
des sciences, «disparu» après son interrogatoire par
des parachutistes du 1er RCP en juin 1957, Henri
Alleg, arrêté au même moment, et dont le
témoignage, *La Question*, frappé d'interdiction,
souleva des tempêtes en 1958.

Le 30 décembre 1956, les obsèques du président
de la Fédération des maires d'Algérie, Amédée Froger,
assassiné le 27, dégénérèrent en une «ratonnade»
qui fit, selon les camps, entre 6 et 400 victimes.
Le 7 janvier 1957, Robert Lacoste confiait le maintien
de l'ordre au général Massu. Mais comment repérer,
dans les dédales de la Casbah, les poseurs
de bombes, qui avaient le plus souvent les traits de
jeunes femmes (Djamila Bouhired, Samia Lakhdi,
Zohra Drif)? Cent douze explosions eurent lieu
dans le seul mois de janvier. Le 9 et le 10, deux
stades furent frappés. Le 26, c'était le tour de
deux bars, *L'Otomatic* et *Le Coq hardi*.

❝Quant au terrorisme
urbain, personne qui
ne l'a vécu ne peut
imaginer ce qu'il fut
dans cette grande
capitale d'Alger,
ce terrorisme urbain
que nos détracteurs
«oublient» pour ne
parler que des
«héroïques combats
des résistants FLN à la
France de l'oppression».
[...] Ce ne sont pas les
combats à visage
découvert qui ont
provoqué une réaction
d'horreur dans toute
la France et amené son
gouvernement à nous
demander d'arrêter sans
délai le massacre.**❞**
        Général Massu
        (ci-dessous), 1972
    Le bar *L'Otomatic*
        (ci-contre).

La «bataille» d'Alger

L'armée, prise dans l'engrenage, s'enfonça alors, sous la conduite des colonels Trinquier, puis Godard, dans l'enfer de la guerre totale : îlotage, perquisitions, fouilles, interrogatoires dans les «centres de triage et de transit» (CTT), recours à la sinistre «gégène». A ce prix, la bataille fut gagnée. La grève générale lancée par le FLN le 28 janvier 1957 fut brisée. Le 25 février, Ben M'Hidi était arrêté et «liquidé». En mars, Ramdane et le CCE étaient contraints de quitter la capitale. Les attentats ayant repris en juin, l'infiltration de repentis (les «bleus de chauffe») permit d'arrêter le chef de la zone d'Alger, Yacef Saadi, fin septembre.

Le 1er octobre 1957 Albert Camus reçut la visite de Germaine Tillion à Paris. Celle-ci lui raconta comment, présidant une commission d'enquête, elle avait été contactée à Alger par le FLN un mois plus tôt.
Le récit par Camus de la rencontre de «G. T.» avec «deux hommes armés» est savoureuse : «"Vous êtes des assassins", leur dit-elle. Alors l'autre, réaction terrible : les larmes aux yeux. Puis : "Ces bombes, je voudrais les voir au fond de la mer". "Il ne tient qu'à toi", dit G. T.» Puis, note Camus, «ils arrivent à un accord : suppression du terrorisme civil, contre suppression des exécutions. A peu près dans les termes que j'avais proposés (mais la suite, hélas...)»
On parle ensuite des atrocités commises sur des civils. Le plus jeune se défend. «"C'est la France". "Va dire ça à ta grand-mère, dit G. T. C'est le FLN et tu le sais." [...] Elle apprend peu après que c'est Ali La Pointe [ci-dessus]. En sortant, elle le prend par la cravate et le secoue. "Et n'oublie pas ce que j'ai dit." Il lui répond : "Non, M'dame."» Le chef n'est autre que Yacef Saadi. «Deux semaines après, ce dernier est arrêté.» (Albert Camus, *Carnets III*). A gauche, l'arrestation de Larbi Ben M'Hidi.

❝Ce sera une des plus pénibles époques de nos trois ans. Nous y aurons essentiellement à faire le dur et triste métier de flic. [...] C'est la surveillance d'une population entière qu'on va ainsi nous confier, aveuglément. Et, devant tout surveiller, nous allons rapidement avoir pratiquement toute licence d'appréhender n'importe qui sans explication, sans même un simple mandat d'arrêt en poche, par la seule grâce de nos mitraillettes.**❞**
Pierre Leulliette,
Saint-Michel et le dragon, 1961

❝Sans doute existe-t-il parmi nous [les militaires] quelques salauds. [...] Mais cette guerre qui, dans la métropole, s'efforce d'en comprendre et d'en expliquer la nature? A lire vos journaux, on a l'impression que nous luttons contre d'honnêtes quarante-huitards, [...] désireux avant tout de déposer librement un bulletin dans une urne. La grenade piégée qui explose dans un cinéma plein d'enfants pose, quand même, d'autres problèmes que la signature d'un manifeste dans un quartier de Saint-Germain-des-Prés.**❞**
Raoul Girardet,
Victoires et servitudes des capitaines, 1960

Le 8 octobre, le terroriste Ali La Pointe, cerné dans sa cache, se suicidait. Le 26 décembre, Ramdane, attiré dans un piège par Boussouf et Belkacem Krim, payait son échec de sa vie. Une défaite n'allant jamais seule, la «ligne Morice», réseau électrifié construit, à partir de mai, le long de la frontière tunisienne, commençait à prouver son efficacité.

LES CHACALS SE MANGENT ENTRE EUX

Le massacre de Melouza

Durant la même année, le FLN, enfermé dans sa stratégie, avait fait monter aux extrêmes sa rivalité avec le MNA. Les attentats contre les messalistes n'épargnèrent pas le territoire métropolitain, où le nombre des morts est estimé à quatre mille pour la durée de la guerre. En Algérie, le 28 mai 1957, le massacre à Melouza de 315 villageois (374 selon d'autres sources) soupçonnés d'allégeance au MNA, provoqua une recrudescence de ralliements à la France, dont celui du «général» messaliste Bellounis. L'effectif des harkis recrutés s'éleva à trente mille fin 1957. Dans le bled, grâce à l'«action psychologique» mise au point à l'Ecole de guerre par le colonel Lacheroy, la logique de la terreur commençait à s'inverser. Dans les villes, elle poursuivait son œuvre de décomposition des esprits.

un même cœur

un seul drapeau

tous français !

Dans l'alGérie française

La «ligne Morice» (page de gauche), du nom du ministre de la Défense, était un barrage électrifié de 300 kilomètres, érigé le long de la frontière tunisienne, dans le but d'empêcher le passage des combattants et du ravitaillement. Une ligne similaire de 30 kilomètres fut construite le long de la frontière marocaine. La «bataille du Barrage» a été définitivement perdue en avril 1958 par l'ALN, à Souk Ahras.

Le massacre de Melouza est venu à point, en mai 1957, pour désamorcer les campagnes contre les excès de la bataille d'Alger (affaires Boumendjel, Audin, Alleg), qui avaient entraîné, fin mars, la démission du secrétaire général de la Police Paul Teitgen et la création, le 5 avril, de la Commission de sauvegarde des droits et libertés en Algérie.

Comment meurt une république

M. Robert LACOS

NON, L'ALGÉRIE NE

Le FLN avait perdu une bataille. Il était loin d'avoir perdu la guerre. A Paris, tous les partis étaient divisés sur la question algérienne, devenue obsédante. Signe inquiétant, qui rappelait les ligues d'avant-guerre, l'extrême droite étudiante et bourgeoise (notamment Jeune Nation de Pierre Sidos) se rapprochait de l'extrême droite populiste de Pierre Poujade, dont un des ténors était un élu de Paris, engagé volontaire en Algérie, Jean-Marie Le Pen.

Victime à la fois de la guerre et des déficits, Guy Mollet tombait le 28 mai 1957. Un gouvernement radical Bourgès-Maunoury, avec Félix Gaillard aux finances, fut formé le 12 juin. Il fut renversé le 12 septembre, sur la loi-cadre pour l'Algérie, d'inspiration «fédéraliste», préparée par Lacoste et combattue par Soustelle. Au terme d'une crise ministérielle de plus d'un mois, un cabinet Gaillard-Bourgès remplaçait l'équipe Bourgès-Gaillard.

A la fin de l'année, l'humiliation suprême d'un prêt du FMI à la France s'ajoutait à la honte de Suez et au camouflet infligé par un discours du sénateur Kennedy, le 2 juillet 1957, en faveur d'un règlement international de la guerre d'Algérie. Le nom du général de Gaulle commença à circuler dans les couloirs du Palais-Bourbon. A Alger, Jacques Chaban-Delmas, ministre de la Défense, confiait une «antenne» gaulliste à Léon Delbecque. Une nouvelle loi-cadre, fort atténuée, fut votée le 31 janvier 1958, mais son application fut différée à la fin de la guerre.

Après la défaite d'Alger, le FLN (ci-dessous réuni en conférence secrète à Tunis, en octobre 1957) est «à la recherche d'un second souffle» (M. Harbi). Il compte sur l'appui international pour faire pression sur la France. Il sait que l'opinion publique française a très mal réagi, en juillet, à la déclaration du sénateur Kennedy posant les Etats-Unis en champion des guerres d'indépendance (ci-dessus). L'occasion d'internationaliser le conflit lui viendra de la frontière tunisienne, où les escarmouches de la «bataille du barrage» se multiplient.

épond à KENNEDY :
A PAS INDÉPENDANTE

Le bombardement de Sakiet

Peu après, le 8 février, la crise de Sakiet-Sidi-Youssef
ouvrait la voie à l'internationalisation du conflit.
A l'origine de l'affaire, un petit village tunisien
d'où partaient des tirs de DCA fut bombardé par des
avions utilisant leur droit de poursuite avec l'accord
du gouvernement. L'objectif militaire fut détruit,
mais le président tunisien Bourguiba, impatient
de jouer un grand rôle, fit état de soixante-dix civils
tués, dont plusieurs enfants. Par une coïncidence
qui a fait croire à une provocation, une délégation
de la Croix-Rouge se trouvait là pour dresser
le constat. Contraint par l'OTAN d'accepter
les «bons offices» de l'Anglais
Harold Beeley et de l'Américain
Robert Murphy, ancien
représentant de Roosevelt à Alger
en 1942-1943, le gouvernement
Gaillard tomba le 15 avril.

Le président tunisien
Bourguiba soutient
le FLN. Mais cet
homme d'Etat avisé est
en désaccord avec ses
méthodes terroristes,
impopulaires. Il
souhaite que se crée en
Algérie une alliance
FLN-MNA susceptible
d'opposer à la France un
«interlocuteur valable».
Il n'est pas prêt, non
plus, à sacrifier la
solidarité maghrébine
aux intérêts tunisiens.
L'affaire de Sakiet,
provoquée par les tirs
de l'ALN, a réuni les
conditions requises
pour placer la Tunisie
en position arbitrale
contre l'«agression»
française.

La République au bord de la guerre civile

A partir de cette date, les événements se
précipitèrent. Le 9 mai, le FLN, utilisant une
nouvelle fois sa technique du chiffon rouge, annonça
froidement l'exécution par l'ALN de trois soldats
français. A Alger, l'émotion fut intense. Lacoste,
démissionnaire par discipline de parti, et convaincu
qu'on allait vers un «Diên Biên Phu diplomatique»,
quitta son poste le 10 mai. Le général Salan, jouant
avec le feu, appela, pour le 13 mai, à une
manifestation «dans la dignité».

Ce même jour, Pierre Pflimlin, leader du parti
catholique MRP (Mouvement républicain populaire),
devait se présenter devant l'Assemblée nationale.
Son nom, pour les pieds-noirs, était
synonyme d'«abandon». Or le 9 mai,
Salan avait envoyé un message à

René Coty pour prévenir que, dans le cas d'une politique d'«abandon», «on ne saurait préjuger de la réaction de désespoir» de l'armée.

Le 11 mai, le directeur de *L'Echo d'Alger*, Alain de Sérigny, ancien pétainiste, en appelait à de Gaulle. Le 12, le «groupe des sept», plutôt hostile à de Gaulle, où figuraient le colon monarchiste Martel, le cafetier Ortiz et l'étudiant nationaliste Lagaillarde, se réunit pour préparer un coup de force.

Ce fut ce groupe qui l'emporta d'abord, le 13 mai, en s'emparant du gouvernement général. Massu, le vainqueur de la bataille d'Alger, le seul à pouvoir rétablir l'ordre, fit acclamer la création d'un «Comité de salut public», où Delbecque parvint à entrer. Salan, en sa qualité de commandant en chef interarmées, en reçut, sans enthousiasme, la direction.

Au même moment, à Paris, en réponse au «putsch» d'Alger, Pierre Pflimlin était investi à une forte majorité. Entre la métropole et sa colonie, l'affrontement semblait inévitable. La République était au bord de la guerre civile. Pour éviter le pire, Pflimlin, comptant sur la réputation de temporisateur de Salan, confirma ce dernier dans les pleins pouvoirs que Félix Gaillard venait de lui

Commandant supérieur interarmées de l'Algérie depuis décembre 1956, investi des pleins pouvoirs par Félix Gaillard en avril 1958, le général Salan (page de gauche) aura été, du 13 au 15 mai, l'artisan malgré lui du retour de De Gaulle. Ancien commandant en chef en Indochine, le «Chinois», officier le plus décoré de France, a su s'entourer de prestige et de mystère. Mais les Français d'Algérie se méfient de sa réputation d'homme de gauche. Sa désignation par Guy Mollet n'arrange pas les choses. Le 16 janvier 1957, un tir de bazooka qui le visait a causé la mort de son chef de cabinet, le commandant Rodier. Les assassins, Kovacs et Castille, des «contre-terroristes» d'extrême droite, ont invoqué, sans preuves, des complicités gaullistes (dont le sénateur Michel Debré) et militaires (l'entourage du vaincu de Diên Biên Phu, le général Cogny). Quand, le 13 mai, Salan a paru au balcon du Gouvernement général, il fut d'abord conspué. D'un naturel prudent et sceptique, Salan n'a vu d'issue à l'indescriptible pagaille d'Alger que dans la rupture avec Pflimlin et l'appel à De Gaulle.

reconnaître. Mauvais calcul. Le 15 mai, Salan, acclamé par la foule sur le Forum, se laissa entraîner par Delbecque à crier : «Vive le général de Gaulle!»

Le retour de De Gaulle

C'est alors que l'ermite de Colombey lança le communiqué qui, attaquant sans ménagement le «régime des partis», s'achevait par ces mots : «Je me tiens prêt à assumer les pouvoirs de la République.»

La partie, pour de Gaulle, n'était difficile qu'en apparence. Il lui fallait éviter, à coup sûr, de se ravaler au rang d'un général de pronunciamiento. Il savait qu'un coup d'État militaire, dit «Résurrection», était coordonné – et retardé – par Salan, – en liaison avec le général Miquel. L'affaire était sérieuse. Elle devait connaître un début d'exécution lors de l'«occupation» de la Corse

Les gaullistes d'Alger ont vaincu la méfiance des pieds-noirs à l'égard du Général, qui avait la faveur des musulmans (en 1958 à Constantine).

par Thomazo et
Arrighi le 23 mai.
Mais plus le
putsch menaçait,
et plus l'homme
du 18-Juin
apparaissait
comme le seul
à pouvoir l'éviter.
Tel fut le sens
de la conférence
de presse dans
laquelle, le 19 mai,
le général, patelin,
se défendit de
«vouloir
commencer, à
soixante-sept ans,
une carrière de
dictateur». Le
vaste mouvement
de fraternisation
franco-musulmane
déclenché le
16 mai à Alger par
Auguste Arnould,
leader ancien
combattant,
aux cris de
«Algérie française,

de Gaulle au pouvoir!» – chacun apportant, sans
doute, ses arrière-pensées; l'acclamation spontanée
de Soustelle, parvenu à Alger dans des conditions
rocambolesques, le 17 mai; l'étonnante manifestation
des Algéroises musulmanes, arrachant voiles
et haïks, le même jour – n'avaient rien d'un
pronunciamiento.

Cette explosion de ferveur démocratique, renouant
la trame d'une histoire idéale de l'Algérie, signifiait
seulement que le nom de De Gaulle était porteur
d'un espoir démesuré. C'est dans cet espoir,
beaucoup plus que dans l'opposition de la gauche,
que résidaient les difficultés à venir.

Loin d'être un
général de
pronunciamiento,
comme le suggère ce
dessin du *Daily Mail*
en 1958, de Gaulle ne
voulait rien devoir aux
«factieux» d'Alger. «Je
n'ai pas levé le petit
doigt pour encourager
le mouvement», dira-
t-il à Alain Peyrefitte
le 8 juin 1962. Mais
«il fallait bien que
je finasse»…

« Tant que nous ne nous en serons pas délestés, nous ne pourrons rien faire dans le monde. C'est un terrible boulet. Il faut le détacher. C'est ma mission. Elle n'est pas drôle. Mais c'est peut-être le plus grand service que j'aurai rendu à la France. »

De Gaulle à Alain Peyrefitte,
20 octobre 1959

CHAPITRE III
1958-1962 : LA LIQUIDATION

••La force du FLN tient tout entière en ceci : nous n'avons plus la liberté de choix. [...] Dire «non» à de Gaulle, c'est dire «oui» au malheur. Nous n'avons pas le droit de dire «non». Je crois avec Antoine de Rivarol qu'«une nation n'a point de droits contraires à son bonheur».••
François Mauriac,
Bloc-Notes,
1er janvier 1961

Le but principal de De Gaulle est de rétablir l'autorité de l'Etat. Autocrate de tempérament, le «sauveur» de 1940, rappelé en 1958, est un démocrate de raison. Son communiqué du 27 mai 1958 fixe clairement le but.

De Gaulle, maître du jeu

Brûlant les étapes, le Général annonce qu'il a «entamé le processus régulier, nécessaire à l'établissement d'un gouvernement républicain». Il se fait rassurant en demandant aux forces armées de demeurer «exemplaires sous les ordres de leurs chefs». Et il précise son objectif : «l'unité et l'indépendance du pays». Tout le malentendu des années 1958-1962 vient de là. Quand le président Coty fait appel «au plus illustre des Français», le 29 mai, c'est pour résoudre le problème algérien. Or pour le nouveau président du Conseil qui entre en fonction le 1er juin, et qui obtient, trois jours plus tard, les pleins pouvoirs pour une durée de six mois, la priorité est de donner à la France une Constitution. Dans l'urgence de la crise, celle-ci est approuvée le 28 septembre par référendum en France et en Algérie avec le soutien de tous les partis, sauf le Parti communiste.

Aux législatives de novembre, le discrédit des principaux acteurs de la IVe République éclate au grand jour. La SFIO, le MRP et surtout le Parti radical s'effondrent. Les mendésistes et l'extrême droite sont éliminés. La nouvelle majorité (198 gaullistes de l'UNR et 133 indépendants) est acquise à l'«Algérie française». Mais, avec Chaban-Delmas au perchoir, c'est d'abord la majorité de De Gaulle. Le Général, élu président de la République le 21 décembre par 78,5% des grands électeurs, nomme, en la personne de Michel Debré, le Premier ministre le plus apte à rassurer les partisans de l'Algérie française, tout en servant aveuglément ses desseins.

Les incertitudes du Général

Contrairement à la légende que de Gaulle a entretenue dans ses *Mémoires d'espoir*, il est peu probable que celui-ci ait su d'avance ce qu'il

En Algérie, le référendum de septembre 1958 sur la Constitution fut ouvert pour la première fois par de Gaulle aux hommes et aux femmes «des diverses communautés», «dans une complète égalité». C'était la preuve que le collège unique pouvait être imposé aux Européens par un gouvernement suffisamment décidé. Ainsi, proclama le Général le 26 septembre, les habitants du territoire «montreront qu'ils entendent participer en commun à la grande œuvre politique, économique, sociale, culturelle que nous avons résolu d'accomplir pour transformer l'Algérie, y délivrer les habitants de la crainte et de la misère, y assurer à chaque femme, à chaque homme, sa liberté et sa dignité». En bas, la générale Massu et une musulmane votent à Alger.

allait faire. Après 1954, il a exprimé sur l'Algérie autant de points de vue qu'il avait d'interlocuteurs. La seule certitude est que, convaincu que la IVᵉ République avait perdu l'Algérie, il s'est juré que l'Algérie ne perdrait pas la Vᵉ République. Quitte à couper les ponts sans ménagement, comme on ampute un membre gangrené. Nul ne peut dire si, compte tenu de la menace que le drame algérien faisait peser sur la démocratie, il eût été possible de faire autrement. Mais le fait est qu'après s'être beaucoup mépris sur la situation, de Gaulle s'est laissé dicter, dans les pires conditions, sa politique par les événements : à la recherche d'un interlocuteur introuvable, dans un premier temps; puis précipitant, à coup de concessions sans contrepartie, un règlement qui fut, en réalité, une liquidation.

Le FLN répliqua à l'annonce de référendum en interdisant aux musulmans de s'inscrire sur les listes électorales. Son échec le conduisit à prôner l'abstention, sans plus de succès. 82 % des électeurs d'Algérie participèrent au vote. Il y eut 3 357 763 «oui» contre 118 611 «non». Aux législatives de novembre, le FLN maintint sa consigne, assortie de menaces de mort. Il fallut recourir à l'armée pour protéger les votants. Les listes «Algérie française» l'emportèrent, à côté de listes gaullistes concurrentes. Mais la participation était tombée en dessous de 70 % (59 % à Constantine).

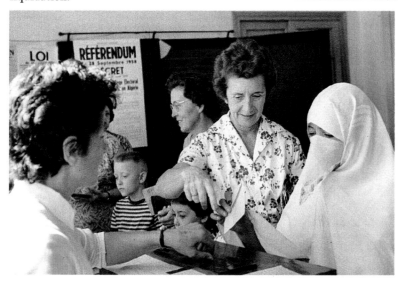

«Je vous ai compris...»

Dès le lendemain de son investiture,
le 4 juin, de Gaulle se rend à Alger.
Comme dans ses déclarations antérieures,
et conformément aux consignes qu'il a
données à ses ministres, il veille à
l'ambiguïté de son discours, trouvant les
mots sur lesquels chaque camp projette
ses espérances. Le «Je vous ai compris»,
qui déchaîne l'enthousiasme sur le
Forum, est un modèle du genre. Mais,
à Mostaganem, il lâche : «Vive l'Algérie
française!» A Bône, il proclame qu'il n'y a
«que des Français à part entière, avec les
mêmes droits et les mêmes devoirs» – ce
qui implique non seulement le collège
unique, mis en place dès novembre, mais
également l'intégration. Bref, il tâtonne.

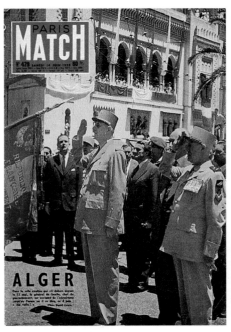

ORANAIS ! PAVOISEZ !

ORAN DOIT ÊTRE VENDREDI
UNE VILLE TRICOLORE !

L'Écho d'Oran

FONDÉ EN 1844

LE PLUS FORT TIRAGE ET LA PLUS FORTE VENTE DE L'AFRIQUE DU NORD

L'ÉCHO DE L'ORANIE   20 Francs   L'ÉCHO DU CHÉLIF

JEUDI
5
JUIN
1958

**DEVANT PLUS DE 500.000 ALGÉROIS MASSÉS SUR LE FORUM
ET CRIANT LEUR FOI DANS LE DESTIN DE L'ALGÉRIE FRANÇAISE**

DE GAULLE : « *JE VOUS AI COMPRIS !* »

« *Dans toute l'Algérie, il n'y a que
des Français avec les mêmes
droits et les mêmes devoirs* »

« J'exprime ma confiance à l'Armée française.
Je compte sur elle, pour aujourd'hui et pour demain »

Ni plus ni moins que ses prédécesseurs.

Un autre exemple en est, le 3 octobre, l'annonce du «plan de Constantine». Ce plan économique et social colossal, établi sur cinq ans, doit être financé en partie grâce au gaz découvert à Hassi-R'Mel en 1956 et au pétrole qui vient de jaillir à Edjelé en janvier 1958, puis à Hassi Messaoud, en mars. Si de Gaulle avait choisi, d'emblée, la solution de l'indépendance, eût-il fait un tel pari sur l'avenir? Parallèlement, le Général s'emploie à rétablir à Alger la légalité républicaine. Pour les élections de novembre, il exige que les officiers se retirent des Comités

Début juin, le voyage triomphal en Algérie d'un de Gaulle revêtu de sa tenue militaire (photos ci-contre) a créé l'illusion d'un grand projet associant, sur un même sol, des «Français à part entière», communiant «dans la même ardeur» et se tenant «par la main» – en dépit de vifs rappels à l'ordre adressés aux Comités de salut public («vous êtes la digue et le torrent»…).

Le 3 octobre, de Gaulle confortait l'espérance d'une nouvelle frontière avec le plan de Constantine, qui projetait de créer un million de logements et 400000 emplois, de distribuer 250000 hectares, de scolariser deux tiers des enfants, de lancer de «vastes ensembles métallurgiques et chimiques» et d'ouvrir aux élites musulmanes 10% des emplois administratifs.

de salut public et proscrit les listes officielles. Dans le même esprit, les généraux et colonels du 13-Mai sont déplacés les uns après les autres : Jouhaud, Vanuxem, Salan (nommé gouverneur militaire de Paris). Un inspecteur des finances, Paul Delouvrier, venu du christianisme social, est nommé délégué général. Un militaire, gaulliste «libéral», le général d'aviation Maurice Challe, prend le commandement interarmées.

LE COMBATTANT

EL MOUDJAHID مجاهد

LA RÉVOLUTION PAR LE PEUPLE ET POUR LE PEUPLE

ORGANE DU FRONT DE LIBERATION NATIONALE

La crise de l'ALN en 1958 fut aggravée par le délire du colonel Amirouche. Celui-ci, intoxiqué par les «bleus de chauffe» du commandant Léger, purgea la wilaya III de milliers de «traîtres», torturés et fusillés.

Un interlocuteur introuvable

Enfin, de Gaulle se met en quête d'un interlocuteur algérien. Pendant l'été 1958, les durs du FLN ont ouvert un «second front» en France. Attaques contre la police, réservoirs de pétrole détruits. Un attentat manqué contre Jacques Soustelle a eu lieu le 15 septembre. La réplique est sévère : rafles, contrôles. Soucieux de la manne qui vient des Algériens de France, Ferhat Abbas désavoue les agressions en métropole. Le 23 octobre 1958, le Général lance un appel à «la paix des braves». Son programme n'est, en son fond, guère différent de celui de Guy Mollet.

Le FLN entend être l'unique interlocuteur, et il sait que c'est impossible s'il dépose les armes. Le 19 septembre, l'organe exécutif de l'insurrection, le CCE, s'érige en Gouvernement provisoire de la République algérienne (GPRA) et s'installe à Tunis, sous la présidence de Ferhat Abbas. Ce dernier oppose à de Gaulle un refus d'autant plus ferme qu'il a, lui aussi, ses colonels.

A la fin de l'année, une tentative de putsch contre le GPRA, menée par Amirouche, commandant la wilaya III de Kabylie, est réprimée par le futur maître de l'Algérie après 1965, Houari Boumediene, alors commandant des forces frontalières. Le 29 mars 1959, Amirouche est abattu par l'armée française.

Puis Amirouche se retourna contre le GPRA, avec l'appui de trois autres wilayas, en invoquant la supériorité de la résistance intérieure,

Le plan Challe

Après l'élection de De Gaulle à la présidence de la République, le malaise grandit en Algérie. Les premières mesures du Général ont été de gracier Messali Hadj, de libérer sept mille détenus algériens, de commuer la peine de mort de Yacef Saadi en travaux forcés et de reconnaître le statut de «prisonniers de guerre» à Ben Bella et à ses compagnons, transférés à l'île d'Aix. Lors de sa première conférence de presse, le 25 mars 1959, le fondateur de la Ve République a parlé de donner à l'Algérie, au sein de la Communauté, «une place de choix». Mais les propos du Premier ministre, Michel Debré, engagé à fond en faveur de l'intégration, sont rassurants. Surtout, la nouvelle stratégie mise en œuvre par le «plan Challe» dans les djebels est un succès complet. Aux «coups de poing» antérieurs, inadaptés à la guérilla, Challe a substitué des attaques massives, à fort appui aérien, opérées d'ouest en est, depuis l'Oranie jusqu'à Bône. Une fois passé ce «rouleau compresseur», les commandos de chasse ôtent aux maquisards toute possibilité de repli. L'ALN y perd plusieurs milliers d'hommes, tués, prisonniers ou ralliés. Le renforcement des barrages bloque par ailleurs vingt mille soldats au Maroc et en Tunisie. Dans les premiers mois de 1960, le commandement est fondé à estimer qu'il a gagné la guerre.

proclamée à la Soummam. En mars 1959, l'exécution, à Tunis, d'officiers du commandement opérationnel militaire gagnés par la gangrène, donna un coup d'arrêt au complot. Le président du tribunal, Houari Boumediene (à gauche), travaillait depuis 1957 à son ascension. Ci-dessus, le général Challe avec Michel Debré.

Début 1959, l'ALN, pour être divisée, n'en restait pas moins dangereuse. Le secret du plan Challe est d'avoir désectorisé les opérations, de façon à ne lui laisser aucun répit. «Il ne suffit pas, expliquait-il, d'effectuer un bouclage, de ratisser et de partir. Il faut rester. Et dans une très grande zone, car le fellagha marche très vite dans une région qu'il connaît bien. Il faut donc le pousser vers l'inconnu. Si nous restons longtemps, si nous prenons le djebel, si nous l'occupons jour et nuit, le rebelle va se cacher. Or il faut qu'il vive. On ne vit pas dans une cache. Surtout dans une guerre pareille. L'ennemi a besoin de contact avec la population, sinon celle-ci se désintéresse de lui et du combat qu'il mène. Si chaque fois qu'il sort, quelle que soit la région, il tombe sur une zone alertée, sa vie va devenir impossible. C'est ce que nous devons réussir : lui rendre la vie impossible» (cité par Yves Courrière, *L'Heure des colonels*, 1969). Ainsi s'explique le recrutement massif de harkis, familiers du milieu et du terrain.

Le coup de tonnerre de l'autodétermination

C'est dans ce contexte que le discours de De Gaulle du 16 septembre 1959 retentit comme un coup de tonnerre. Les Algériens étaient invités à s'autodéterminer «quatre années au plus tard après le retour de la paix», sur la base de trois options : la sécession, la francisation complète, «de Dunkerque à Tamanrasset», ou l'association, c'est-à-dire le gouvernement des Algériens par eux-mêmes, «appuyé sur l'aide de la France et étroitement uni à elle par l'économie, l'enseignement, les relations extérieures et la défense». La troisième option avait, à l'évidence, la faveur de De Gaulle. Le Général, qui redoutait l'internationalisation du conflit, pensait ainsi gagner le temps nécessaire à l'évolution des esprits, tout en mettant le FLN au pied du mur. Il avait annoncé à Eisenhower son plan le 2 septembre, lors de la visite de ce dernier à Paris. Et le fait est qu'en décembre 1959 son initiative évita la reconnaissance par l'ONU du droit de l'Algérie à l'indépendance – les Etats-Unis

FRANCISATION   AUTONOMIE   INDEPENDANCE

LE PRIN
solenne

Rien, sinon des rumeurs propagées par les militaires, n'avait préparé les Français d'Algérie à l'annonce de l'autodétermination. En sorte que, dès le 16 septembre 1959, la rupture des pieds-noirs avec de Gaulle peut être considérée comme consommée.

et l'URSS s'abstenant. En métropole, l'opinion fut soulagée. Dans un climat de plus en plus hostile aux Français d'Algérie, le pouvoir laissa se développer une psychose d'attentats extrémistes qui lui permit d'arracher à l'Assemblée une forte majorité en faveur de sa politique algérienne, le 15 octobre 1959.

«Eh bien, vous souffrirez!»

De l'autre côté de la Méditerranée, le discours du 16 septembre provoqua la stupeur. Il n'échappa à personne que le tournant décisif qui devait conduire à l'indépendance était pris. Du côté européen, les défenseurs les plus ardents de l'Algérie française savaient, plus ou moins consciemment, qu'en l'absence d'un rapport de forces, la majorité des musulmans choisirait la sécession; les pieds-noirs n'imaginaient pas de pouvoir rester

Le 19 septembre 1959, fut créé le Rassemblement pour l'Algérie française, où dominaient les républicains. On y trouvait des élus d'Algérie tels que Marc Lauriol, Philippe Marçais, le bachaga Boualam, des démocrates-chrétiens, derrière Georges Bidault, des indépendants (Roger Duchet, Lacoste-Lareymondie), le journaliste Alain de Sérigny et des gaullistes du 13 mai (Biaggi, Arrighi, Thomazo, Delbecque, mais pas Soustelle). Ces derniers, accusés de couvrir des commandos de «tueurs», démissionnèrent de l'UNR après avoir livré à l'Assemblée, les 14 et 15 octobre, un assez terne baroud d'honneur. «Aucune armée au monde, s'écria Biaggi, ne peut se battre pour

: DE L'AUTODETERMINATION

:nt proclamé par de Gaulle

en Algérie, à un contre dix, sans le soutien de la métropole. C'est sans doute ce que de Gaulle voulut dire, quand il lança, le 18 janvier 1960, au député algérien Laradji, qui s'inquiétait des souffrances à venir : «Eh bien, vous souffrirez!» Du côté du GPRA, Abbas maintint la pression des attentats, notamment à Alger, tout en proposant à de Gaulle, en novembre 1959, de prendre les prisonniers de l'île d'Aix comme interlocuteurs – ce que le Général ne pouvait, à cette date, accepter.

qu'un ancien égorgeur d'enfants lui vole un jour le fruit de sa victoire.» Dans la nuit du 15 au 16, François Mitterrand fut l'objet, près des jardins de l'Observatoire, d'un simulacre de mitraillade dont ses adversaires l'accusèrent d'avoir été l'organisateur.

La semaine des barricades

Pour les chefs militaires, le sentiment commença à poindre qu'ils étaient trahis. Du 27 au 31 août, peu avant le discours sur l'autodétermination, de Gaulle avait fait en Algérie une «tournée des popotes» dont les subtilités leur avaient échappé. Des contacts s'engagèrent entre les «colonels» et les activistes d'Alger. Le 16 janvier 1960, le fidèle Massu exhala sa rancœur auprès d'un ancien parachutiste, journaliste de la *Süddeutsche Zeitung*. Ses déclarations, reproduites sans son accord, firent scandale : «L'armée fera intervenir sa force si la situation le demande. Nous ne comprenons plus la politique du président de Gaulle.» La sanction était inévitable : Massu fut rappelé.

A Alger, la nouvelle du limogeage de Massu fit l'effet d'un électrochoc sur les groupes d'opposition, toutes tendances confondues. A leur appel, c'est tout le peuple algérois qui se retrouva sur le plateau des Glières le dimanche 24 janvier 1960 pour protester contre les «bradeurs». Lagaillarde et ses amis s'enfermèrent dans l'université, transformée en nouvel Alcazar de Tolède. Dans les rues, Gardes, Ortiz et Susini firent élever des barricades. Les gendarmes du colonel Debrosse chargèrent, la crosse en avant. Mais ceux-ci étaient détestés du petit peuple d'Alger. Un coup de feu, «d'origine inconnue», déclencha une fusillade. Quand les paras, acclamés par la foule, arrivèrent pour rétablir l'ordre, on dénombra 14 gendarmes tués et 123 blessés sur un total de 22 morts et 147 blessés. La guerre franco-française montait d'un cran.

Les barricades ont réuni tous les courants de l'Algérie française : Rassemblement pour l'Algérie française; Front national français, quasi fasciste, d'Ortiz, de Pérez et de Susini; MP 13 monarchiste de Martel; étudiants de Lagaillarde et officiers ultras. Ci-dessous, Massu vu par Tim.

Le lendemain, de Gaulle, conscient de la gravité de la crise, consentit à tenir aux pieds-noirs, «égarés par des mensonges et par des calomnies», le langage de l'émotion. L'échec fut total. Le 28 janvier 1960, le délégué général, Paul Delouvrier, bouleversé, et Challe sortirent d'Alger en accord avec Michel Debré, pour éviter tout risque de fraternisation de l'armée avec les émeutiers. De Gaulle, reprenant la parole le 29, en uniforme, joua de nouveau de la fermeté et de l'émotion, mais cette fois en artiste. Il apporta des apaisements sur les préalables à l'autodétermination. Les officiers, un peu rassurés, réaffirmèrent leur loyalisme. Les mutins n'avaient d'autre issue que de capituler.

Lagaillarde, président des étudiants, élu député en 1958, et Ortiz, patron enrichi du café du Forum. L'un rêve de chevaleries, l'autre, ancien second du restaurateur poujadiste Goutallier, est «moitié Marius, moitié blouson noir» (Pierre Nora).

La semaine des barricades a creusé entre les Français d'Algérie et ceux de la métropole un fossé dont la trace se lit dans le *Bloc-Notes* de Mauriac. «Les Français de la métropole savent-ils que leur destin en ce moment se joue? Et qu'un cafetier d'Alger invite le général de Gaulle à changer la politique de la France? Et que des parlementaires français sont tout près de se mettre à genoux dans la sciure de ce café algérois?» (26 janvier 1960). «Quant à prétendre que de Gaulle est moins armé en 1960 pour affronter [l'épreuve] qu'il ne l'était il y a vingt mois, je le nie. La France alors n'était pas unanime autour de lui. Elle l'est devenue.» (30 janvier). A gauche, la reddition de Lagaillarde.

«Une fin honorable»...

Impatient de reprendre la situation en main, le Général, alors au sommet de sa popularité dans les sondages, s'assura de la fidélité de l'armée au cours d'une seconde «tournée des popotes» entre le 3 et le 6 mars. Soustelle dut quitter le gouvernement. Challe, remplacé par Crépin, fut «promu» commandant en chef du Centre-Europe à l'OTAN. Puis de Gaulle repartit à la recherche d'un interlocuteur. L'armée, au même moment, forte de sa victoire sur le terrain, lui en proposait un : le Kabyle Si Salah, chef de la wilaya IV (région d'Alger), qui fut reçu le 10 juin 1960 à l'Elysée. La défection d'un de ses adjoints, Si Mohammed, fit échouer la rencontre, dont la rumeur avait soulevé, chez les pieds-noirs, un immense espoir. Si Salah et Si Mohammed ayant été tués par l'armée française un an plus tard, on insinua que le

Les rencontres préparatoires avec Si Salah (à gauche) et ses adjoints, Si Lakhdar et Si Mohammed, eurent lieu à Médéa. Elles furent suivies par Bernard Tricot, conseiller de l'Elysée, et par le colonel Mathon, chef adjoint du cabinet militaire de Michel Debré.

Général avait fait disparaître des témoins gênants.

La vérité, plus simple, est que l'ancien chef de la France libre savait, d'expérience, qu'on ne peut rallier la résistance intérieure si l'on n'a également la résistance extérieure avec soi. En même temps qu'il négociait avec Si Salah, il lançait sur les ondes, le 14 juin, un appel aux «dirigeants de l'insurrection» (le GPRA) : «Je leur déclare que nous les attendons ici pour trouver avec eux une fin honorable aux combats qui se traînent encore»… Le 20 juin, Ferhat Abbas acceptait le principe d'une négociation, qui fut préparée secrètement à la préfecture de Melun. Ce fut un fiasco. Le FLN n'entendait en effet, ni «laisser les couteaux aux vestiaires», ni renoncer au monopole de la représentation des Algériens. S'il est un reproche que l'on puisse adresser à de Gaulle, c'est d'avoir, par improvisation et impatience, permis au GPRA de regagner, sur le plan politique, les positions que ce dernier avait perdues sur le terrain militaire.

❝Après Melun, il est clair que les Français veulent notre capitulation et que le problème algérien se pose en termes de rapport de forces. [...] Nous pourrons certes agir sur l'opinion française qui paraît renaître. [...] Mais il ne semble pas que le peuple français puisse être mobilisé dans une action décisive contre la guerre d'Algérie. [...] Seule l'insertion de la guerre d'Algérie dans la guerre froide par l'appui entier des pays socialistes pourrait constituer l'élément déterminant recherché.**❞**

Ferhat Abbas, Rapport de politique générale pour le GPRA, Tunis, le 4 août 1960

Le Comité de Vincennes et le Manifeste des 121

Les difficultés que de Gaulle devait vaincre, en France, n'étaient pas moindres. Contaminée par la fièvre d'Alger, l'opposition à sa politique algérienne se renforçait. A droite, le 17 juin 1960, deux mouvements s'organisèrent. L'un, activiste, le Front de l'Algérie française (FAF), sous la présidence du bachaga Boualam, député d'Orléansville et vice-président de l'Assemblée nationale. L'autre, plus intellectuel et républicain, était le Comité de Vincennes, dirigé par Bidault et Soustelle. Les intellectuels de ces deux courants se retrouvèrent

=== Lundi 5 septembre 1960 ===   L'AURORE ===

Semaine de procès politiques ❶ *AUJOURD'HUI DEVANT LE TRIBUNAL MILITAIRE DE PARIS*

LES ADEPTES DU "PROFESSEUR" JEANSON (en fuite) chef du réseau de soutien F.L.N.

DE GAUCHE A DROITE : Damaca HADDAD, Dominique DARROSS (en fuite), Georges MEIER, Cécile MARION (en fuite) et Jacques CHARBIT

au sein de l'hebdomadaire *L'Esprit public*, créé en décembre 1960, avec Jules Monnerot, Jacques Perret, Philippe Héduy, Jean Brune et Raoul Girardet.

A gauche, la prolongation du conflit porta à plus de combativité les partis qui avaient laissé de Gaulle se débattre seul dans le bourbier algérien. On s'en prit avec virulence aux dérives «césariennes» du régime. Le 4 septembre 1960, le procès du réseau des «porteurs de valises» de Francis Jeanson, réfugié en Suisse, amena cent vingt et un intellectuels et artistes à publier un appel à l'insoumission dans la guerre d'Algérie – auquel répondit le 7 octobre, un imposant «Manifeste des trois cents intellectuels français» de droite. Les partis de gauche légalistes critiquèrent le «Manifeste des 121» sur la question de la désertion, tout en affirmant leur réprobation de la politique gouvernementale. De Gaulle

L'inculpation des membres de réseaux de soutien au FLN (à gauche, la une de *L'Aurore* du 5 septembre 1960 sur le procès Jeanson) a rapproché divers mouvements d'extrême gauche dans la dénonciation du régime et de la guerre. La plupart se sont retrouvés dans le mensuel *Vérité-Liberté*, à partir de mai 1960 : Comité de vigilance universitaire, comité Maurice Audin, Centre de coordination de Pleyel, signataires du Manifeste des 121, etc.

JEAN-PAUL SARTRE : *"Je veux être inculpé dans l'affaire du manifeste des 121"*

La journée nationale d'action organisée, le 27 octobre 1960, par l'Union nationale des étudiants de France à la Mutualité (ci-contre), fut la première grande manifestation contre la guerre d'Algérie. Divisée jusqu'en 1958 et silencieuse après le 13 mai, l'UNEF n'est devenue majoritairement favorable à la négociation qu'en 1959. A la suite de l'instruction Debré du 16 août 1959, bientôt retirée, qui voulait supprimer les sursis d'incorporation au-delà de l'âge de la licence, le syndicat étudiant s'est radicalisé. Son soutien déclaré au FLN a éloigné de lui le PCF et entraîné une scission, dans un climat passionné (création de la FNEF «apolitique» en juin 1961).

s'opposa à l'inculpation de Jean-Paul Sartre : «On n'arrête pas Voltaire.» Au même moment, la remise en cause par Michel Debré des sursis d'incorporation des étudiants, jusqu'alors tenus à l'abri du conflit, jeta l'UNEF (Union nationale des étudiants de France) dans la bataille. La grande manifestation du 27 octobre 1960, tenue à la Mutualité «pour la paix, par la négociation», et condamnée par le PCF pour «aventurisme», s'acheva en bagarres avec la police.

Il devenait clair que la guerre d'Algérie, avec ses camps d'hébergement, ses tribunaux militaires, ses réfugiés (moins de cent mille, au Maroc et en Tunisie), la torture et les «corvées de bois» (qui persistaient, malgré les consignes du gouvernement et la suppression des DOP le 10 mai 1960), compromettait les efforts de De Gaulle pour restaurer l'Etat. Le temps jouait contre le régime.

L'AURORE

VENDREDI 7 OCTOBRE 1960

LES INTELLECTUELS
F R A N Ç A I S
à ceux de Sartre :
"LES APOLOGISTES
DE LA DÉSERTION
sont des imposteurs et
DES TRAITRES"

«L'Algérie algérienne»

Le 4 novembre 1960, de Gaulle fit un pas de plus en lançant, dans une conférence de presse, le thème de «l'Algérie algérienne». Pour la première fois, la perspective de l'indépendance était ouvertement reconnue. Le FAF ne fut pas seul à réagir. Le secrétaire général de l'Administration en Algérie, André Jacomet, donna sa démission. Ce même 4 novembre, au procès des barricades, Lagaillarde, Susini et Perez obtinrent leur libération provisoire et rejoignirent Ortiz et Salan en Espagne. Le 11 novembre, le maréchal Juin bouda la cérémonie officielle. Debré offrit sa démission, qui fut refusée. Le 16 novembre, de Gaulle annonça un référendum sur «l'organisation des pouvoirs publics en Algérie, en attendant l'autodétermination». Le 22, il confiait le ministère des Affaires algériennes à Louis Joxe, acquis à la thèse de l'indépendance. Delouvrier fut remplacé par Jean Morin, ancien résistant, préfet de Haute-Garonne, et le général Gambiez, féal à poigne, succéda au général Crépin.

Le 9 décembre 1960, de Gaulle entreprit un nouveau voyage en Algérie. La visite tourna au drame. Acclamé par les musulmans, conspué par les Européens, le chef de l'Etat ne put se rendre ni à Alger, ni à

Oran et dut abréger son séjour. Le 11 décembre, des milliers de musulmans arborant le drapeau vert et blanc du FLN et des pancartes portant inscrit «Vive de Gaulle!» descendirent des hauteurs d'Alger. Trois Européens furent égorgés, une synagogue saccagée. L'armée ouvrit le feu. Le 13, à Alger et à Oran, l'émeute avait fait 120 morts, dont 112 musulmans.

L'épisode mit en lumière l'emprise du FLN sur les musulmans, fanatisés par les transistors. Au référendum du 8 janvier 1961, le Général obtint un «oui franc et massif», avec 75,2% des voix. Mais en Algérie, les consignes d'abstention du FLN avaient été suivies à 42%. Les Européens avaient voté «non» à Alger et à Oran.

L'accueil de De Gaulle par les musulmans, en décembre 1960, a débordé les plans de son organisateur, François Coulet. Le 11 décembre, le Général, qui a failli être lynché par les pieds-noirs à Aïn Temouchent (ci-contre), fait dissoudre le Front de l'Algérie française. Le 8 novembre, il a fait révoquer du Conseil d'Etat le secrétaire général de la Délégation, André Jacomet, coupable d'avoir marqué son désaccord en démissionnant.

Le discours du «cœur tranquille»

Dès novembre, les dirigeants du FLN, inquiets de la montée en son sein de maoïstes et pro-nassériens, avaient, par l'intermédiaire de la Suisse, fait des ouvertures à de Gaulle. Le 16 janvier, ils répondirent officiellement à l'offre française de négociation. En février, des contacts furent repris en Suisse par Georges Pompidou et Bruno de Leusse. De Gaulle exigeait des garanties pour les ressortissants français, ainsi que le maintien de la souveraineté française sur la base de Mers el-Kébir et le Sahara : la première bombe atomique avait explosé à Reggane, le 13 février 1960. Ferhat Abbas, menacé sur sa gauche, refusa tout préalable. Davantage : les attentats du FLN redoublèrent en Algérie, faisant des dizaines de morts et de blessés. Pour l'armée et les pieds-noirs, il se confirmait que céder l'Algérie à l'ALN était livrer les Européens et les musulmans pro-Français à un massacre. Le 15 mars, un communiqué du conseil des ministres annonça que des pourparlers

La fin de l'année 1960 permit la réimplantation du FLN dans les quartiers musulmans d'Alger. Des réseaux terroristes, refusant, en principe, les attentats aveugles, y furent reconstitués par l'organisation Malik-Alilat, sous la responsabilité du capitaine Kheiddine. Ces réseaux furent particulièrement actifs lors de l'ouverture de la conférence d'Evian, le 20 mai 1961 : en quinze jours, les attentats du FLN en Algérie firent 133 morts et 300 blessés.

s'engageraient à partir du 7 avril à Evian. Sans conditions. Une Organisation armée secrète (OAS), destinée à regrouper tous les mouvements activistes, fut alors créée par Lagaillarde et Salan à Madrid. Un avocat algérois libéral, Me Popie, fut assassiné; les premières charges de plastic explosèrent à Paris, notamment au domicile de François Mitterrand. Le 31 mars, un attentat coûta la vie au maire d'Evian.

Dans ce climat de névrose, le ton désinvolte adopté par de Gaulle dans sa conférence de presse du 11 avril 1961 fit l'effet d'une provocation. Après avoir rappelé que «l'Algérie nous coûte plus cher qu'elle ne nous rapporte», le Général déclara qu'il considérait la solution de l'indépendance «d'un cœur parfaitement tranquille». Il conclut avec superbe, ironisant sur les prétentions de l'URSS et des Etats-Unis dans la zone : «Je leur souhaite d'avance bien du plaisir.»

En février 1961, à Madrid, Lagaillarde, seul à disposer à Alger de groupes organisés, rallia Salan et Susini à l'idée de fédérer les mouvements favorables à l'Algérie française dans une formation calquée sur celle du FLN. Le premier tract, daté du 1er mars, annonçait que «les mouvements nationaux clandestins et leur organisation de résistance ont décidé de joindre unanimement leurs forces et leurs efforts dans un seul mouvement de combat : l'organisation secrète». Le 6 mars, le sigle OAS apparaissait pour la première fois sur les murs d'Alger.

suis persuadé que

n Etat souverain »

Ces phrases dédaigneuses blessèrent au plus profond les pieds-noirs – même les plus libéraux.

Le putsch des généraux

C'est alors que le général Challe décida de se lancer dans l'aventure, avec Zeller, chef d'état-major général de l'armée de terre en 1958-1959, Jouhaud, chef d'état-major général de l'armée de l'air de 1958 à 1960, et Salan, qui rejoignit le trio plus tard. D'autres généraux entrèrent dans la

conspiration. Mais le fer de lance de l'opération, ce furent les «colonels», officiers d'élite, férus de guerre psychologique. Le 21 avril 1961 à minuit, le 1er REP d'Hélie de Saint-Marc s'empara, à Alger, du gouvernement général et de l'hôtel de ville. Le 22 avril, les Algérois furent réveillés, à 7 heures, par un message irréel : «L'Armée a pris le contrôle de l'Algérie et du Sahara... Il n'y aura jamais d'Algérie indépendante.»

❝Ici le général Challe qui vous parle. Je suis à Alger avec les généraux Zeller et Jouhaud [ci-dessous], et en liaison avec le général Salan, pour tenir notre serment, le serment de l'armée de garder l'Algérie, pour que nos morts

MISE EN GARDE CONTRE LES FAUSSES RUMEURS

L'ÉCHO D'ALGER

0.25 NF

Mardi 25 Avril 1961

LE "BLED" REPARAIT AUJOURD'HUI

Massés hier soir sur le Forum pour manifester leur reconnaissance à l'armée

100.000 Algérois ont acclamé

les généraux CHALLE, SALAN, ZELLER et JOUHAUD

Que voulaient ces hommes? D'abord, tenir leur serment. Au sommet, aucun d'eux n'est fasciste. Aucun, sauf Salan, n'a d'ambition personnelle. Leur intime conviction est de défendre, contre Paris, l'unité et l'intégrité de la République. Mais depuis trop longtemps, l'armée a représenté, à elle seule,

ne soient pas morts pour rien.❞

Allocution du 22 avril 1961

Les putschistes n'étaient prêts ni à tirer sur l'armée, ni à coopérer avec l'OAS, ce qui les mettait à la merci des attentistes. Le 24 avril 1961, ils organisèrent une manifestation au Forum (page de gauche), mais le cœur n'y était plus. Le général de Pouilly, à Oran, n'avait pas suivi. Gouraud, à Constantine, s'était ravisé. Maisonrouge, à Colomb-Béchar, s'était découvert une crise de paludisme providentielle, etc. Le contingent opposait sa force d'inertie (ci-dessus, à Hussein Dey). A Paris, où régnait la terreur d'un débarquement de parachutistes (ci-dessous), les généraux Faure et Vanuxem avaient été arrêtés.

la puissance publique en Algérie. Depuis trop longtemps, elle a trouvé dans cette mission une revanche sur les humiliations de 1940, de la guerre d'Indochine et, tout récemment encore, de Suez. Aucun n'admet, non plus, que la victoire militaire puisse s'accompagner d'une défaite politique. Imprégnés du mythe du 18-Juin, tous se réclament des idéaux de la Résistance. Ils se sentent liés par un engagement d'honneur envers les pieds-noirs et les musulmans qui leur ont fait confiance. Pour beaucoup, le souvenir de l'abandon des civils au Viêt-minh en Indochine est resté un cauchemar. Ils pensent sincèrement que les musulmans se rangeront de leur côté et leur permettront de négocier avec le FLN en position de force. Le ressentiment envers les équivoques et les mépris de De Gaulle fait le reste.

«Ce n'est pas sérieux»

Leurs chances de succès, pourtant, sont nulles. Le contingent ne veut plus de la guerre. Le FLN est devenu, pour les musulmans, porteur des espoirs de l'indépendance. Les pieds-noirs ne sont pas prêts à se prendre en charge. L'intendance ne suit pas. Enfin, en métropole, l'opinion fait bloc avec le Général.

Au conseil des ministres, de Gaulle résume : «Ce n'est pas sérieux.» Il n'en met pas moins en œuvre, aussitôt, les pleins pouvoirs de l'article 16, qui furent maintenus jusqu'au 29 septembre. Le 23 avril, revêtant de nouveau l'uniforme, il prononce à la télévision un discours fulgurant : «J'ordonne que tous les moyens, je dis : tous les moyens, soient employés pour barrer la route à ces hommes-là.» Au sein de l'armée, le garde-à-vous est immédiat. Dans la nuit du 23 au 24, l'intervention télévisée d'un Michel Debré dramatique, invitant les Parisiens à se rendre vers les aéroports, «à pied ou en voiture», fera sourire plus tard, quand on sera sûr que le verbe gaullien a gagné la partie. Le 25, Challe se rend. Jouhaud, Salan et Zeller prennent le maquis.

OAS : la nouvelle «Commune» d'Alger

A partir de cette date, le sigle OAS est repris par les soldats clandestins, en vue de constituer, contre les «défaitistes» de Paris, une sorte de nouvelle «Commune» d'Alger. L'organisation, coiffée

Challe s'est rendu dès le 25 avril. Zeller a suivi le 5 mai. Les autres ont rejoint l'OAS dans la clandestinité. Outre les généraux (Salan, Gardy, Jouhaud), ce sont des colonels : le polytechnicien Argoud, Godard, un des vainqueurs de la bataille d'Alger, Gardes, ancien chef du 5e bureau, Lacheroy, théoricien de la guerre psychologique, Broizat, chef de cabinet de Massu en 1958.

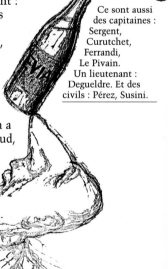

Ce sont aussi des capitaines : Sergent, Curutchet, Ferrandi, Le Pivain. Un lieutenant : Degueldre. Et des civils : Pérez, Susini.

par Salan, est dirigée par le général Gardy. Jean-Jacques Susini est responsable de la propagande, qui reprend un des slogans du FAF : «L'OAS frappe où elle veut et quand elle veut.» Jouhaud règne en Oranie. L'objectif est de faire échouer les négociations d'Evian. Les perspectives politiques sont soit la solution fédérale, soit l'instauration d'une Algérie franco-musulmane autonome, soit la partition. Pour réaliser son ambition, l'OAS croit possible de rallier les «masses», musulmans et pieds-noirs. A défaut, ses moyens, dérisoires, sont les opérations des commandos Delta, menées par le lieutenant Degueldre, qui se veulent une riposte graduée aux actions multipliées par le FLN (133 morts entre le 21 mai et le 8 juin). Les consignes sont de ne frapper que les musulmans engagés au côté des terroristes et les responsables français de la répression. Le fanatisme des exécutants a vite débordé ce plan.

Mais s'il est un facteur qui mobilise les pieds-noirs, c'est moins un projet qu'un rejet : la haine de De Gaulle. Ce dernier, il est vrai, fait peu d'efforts pour l'apaiser. Une épuration frappe la moitié des cadres de l'armée. Au procès de Challe et de Zeller, qui a lieu fin mai devant le Haut Tribunal militaire, le garde des Sceaux, Edmond Michelet, a donné instruction au procureur général Besson de réclamer la mort. Les généraux factieux s'en tireront avec seize ans de détention criminelle.

Après le putsch, en métropole, le gouvernement dissout trois régiments : le 1er REP du commandant Denoix de Saint-Marc (à gauche), les 14e et 18e RCP, ainsi que les commandos de l'Air et le groupement des commandos parachutistes. La tenue léopard disparaît. Plus de deux cents officiers sont mis aux arrêts de rigueur, d'autres sont rayés des cadres ou déférés devant des tribunaux militaires créés en application de l'article 16. En Algérie, l'autorité de l'OAS règne sans partage. Les journées des casseroles (23 septembre 1961), des oriflammes (25 septembre) ou des embouteillages (28 septembre) témoignent de la ferveur populaire, entretenue par les plasticages et les émissions-pirates.

Un chiffon de papier?

On ne comprend rien à la violence qui ne devait pas cesser de monter en Algérie jusqu'à l'exode final, si l'on ne considère que, pour les pieds-noirs, tout accord avec le FLN était voué, d'avance, à être une duperie. Le fait que les négociations ouvertes à Evian le 20 mai 1961, et poursuivies à Lugrin, ont été rompues le 13 juin sur les questions du Sahara et des droits de la minorité européenne leur semble une comédie. Louis Joxe, qui dirige la délégation française, est à leurs yeux un naïf ou un traître. En août 1961, la montée des «durs» au sein du FLN, le remplacement de Ferhat Abbas par Ben Khedda, touché par la grâce maoïste, et la collusion croissante entre Ben Bella et l'armée contre le GPRA sont interprétés à Alger comme une raison supplémentaire de ne rien attendre d'un chiffon de papier.

Paris dans la tourmente

Plus la situation pourrit, plus de Gaulle s'impatiente. Le 6 septembre 1961, celui-ci utilise, pour sortir de l'impasse, le terme expéditif de «dégagement».

L'expression, malheureuse, choque même la gauche. Les attentats flambent de plus belle, de part et d'autre, et n'épargnent pas la métropole. Le 9 septembre 1961, le chef de l'Etat échappe à un attentat à Pont-sur-Seine. Le 17 octobre, une manifestation non

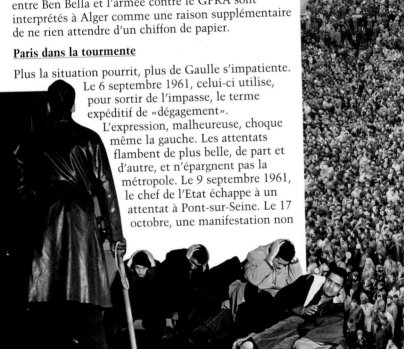

violente, organisée par le FLN à Paris, donne lieu, de la part du service d'ordre, sous la responsabilité du préfet de police Maurice Papon, à une «ratonnade» déshonorante, dont on a su, depuis, qu'elle a fait entre cent et deux cents morts. En dépit d'un climat policier devenu oppressant, les partisans de l'Algérie française se font de moins en moins discrets. Au début de l'année 1962, Paris est secoué par des dizaines de plasticages – qui culminent avec la «nuit bleue» du 17 janvier. C'est alors qu'à la suite d'un attentat contre André Malraux, à l'occasion duquel une petite fille de quatre ans, Delphine Renard, fut blessée au visage, les syndicats, le PCF et le PSU (Parti socialiste unifié) appelèrent à une manifestation, le 8 février 1962. La foule, brutalement chargée par le service d'ordre, s'écrasa contre les grilles du métro Charonne. Le bilan était lourd : neuf morts. Le 13 février fut jour de grève générale. Cinq cent mille personnes suivirent les obsèques des victimes.

Si la «ratonnade» du 17 octobre 1961 fut en partie escamotée par la presse, le drame du métro Charonne, le 8 février 1962, apparut au *Monde* comme «le plus sanglant affrontement entre policiers et manifestants depuis 1934». Le 13 février, jour des obsèques des victimes, fut décidée une grève générale. L'immense cortège fut le plus important de la guerre d'Algérie. *Le New York Times* écrivit : «Quelque chose a bougé dans les profondeurs». Mais il ajouta : «La manifestation d'hier [...] n'indique sûrement pas une révolte contre le président de Gaulle.» L'opinion dissociait le Général de certains de ses collaborateurs.

"De Gaulle, notait Mauriac, est le cerveau et le cœur d'une grande nation rassemblée, d'une grande nation une et indivisible qui n'existe pas.**"**
Bloc-Notes, 10 février

Les accords d'Evian

Les négociations d'Evian reprennent le 7 mars, alors que la violence se déchaîne de l'autre côté de la Méditerranée. Les attentats font jusqu'à vingt morts par jour. Les complicités sont telles qu'un hold-up vide les coffres de la banque centrale. L'écrivain Mouloud Feraoun, ami de Camus, est assassiné le 15 mars. Depuis octobre 1961, les services secrets envoient contre l'OAS les fameuses «barbouzes», polices parallèles qui n'hésitent pas à coopérer avec le FLN et à pratiquer la torture.

Tel est le climat dans lequel les accords d'Evian furent signés, le 18 mars au soir, par Krim Belkacem, Louis Joxe, Robert Buron et Jean de Broglie. Un immense soulagement accompagna, en France, l'annonce du cessez-le-feu.

La reprise des négociations d'Evian, le 7 mars 1962, a été préparée par l'entrevue secrète des Rousses, du 11 au 19 février. La délégation française est dirigée par Louis Joxe, Robert Buron et Jean de Broglie.

Mais le Sahara avait été abandonné; Mers el-Kébir restait base française pour une durée de quinze ans; les pieds-noirs disposaient de trois ans pour choisir la nationalité algérienne ou le statut d'étranger. La France s'obligeait à poursuivre la réalisation du plan de Constantine. Un haut-commissaire et un exécutif provisoire, composé de neuf musulmans et de trois Français, étaient chargés d'assurer la continuité des pouvoirs avant le référendum d'autodétermination.

La délégation algérienne, menée par Krim Belkacem (page de gauche), se compose de Ben Tobbal, Rhéda Malek, Yazid, Ben Yahia, Mostefaï, Boulharouf, le «colonel» Mostefa et Saad Dahlab, ministre des Affaires étrangères, qui devait bientôt démissionner. «A plusieurs reprises, observe Buron le 18 mars dans ses *Carnets*, la discussion sur les conditions de la libération de Ben Bella, des allusions moins précises encore sur les événements futurs nous ont montré qu'au sein du FLN la partie finale n'est pas encore jouée. [...] Les jours qui viennent vont être des jours de folie et de sang.»

L'apocalypse

Pour les Français d'Algérie, ce fut comme si le ciel leur tombait sur la tête. Salan crut le moment venu de déclencher une insurrection qui aboutirait, selon ses plans, à la chute du régime et, en tout cas, à un accord direct entre pieds-noirs et musulmans. Or les pieds-noirs ne songeaient qu'à partir, et le principal résultat de cette stratégie fut de précipiter l'exode en aggravant la guerre civile.

Le 22 mars, Salan organisait Bab-el-Oued en camp retranché, avec l'espoir d'obtenir la neutralité de l'armée. Etait-ce possible quand, les jours précédents, l'OAS avait tiré sur les gardes mobiles et les CRS? Des appelés du contingent refusèrent de se laisser désarmer, et une fusillade fit, parmi eux, six tués. Le quartier fut aussitôt bouclé, mitraillé par les chars et l'aviation.

LE CESSEZ-LE-FEU EN ALGÉRIE L'ACCORD EST CONCLU

CRIMINELLES PROVOCATIONS
pour saboter le cessez-le-feu

On dénombra 35 morts et 125 blessés. Trois mille personnes furent arrêtées. Le nouveau haut-commissaire, Christian Fouchet, installé à Rocher-Noir, tenta de lancer un appel à la raison, qui ne passa pas. Le 26 mars, une manifestation d'Algérois désarmés fut accueillie, rue d'Isly, par une fusillade qui fit 66 morts et 200 blessés parmi les civils.

Plus l'armée française multipliait les bouclages, les rafles et les fouilles d'immeubles, plus elle précipitait les pieds-noirs dans les bras de l'OAS. Et plus l'OAS essuyait de revers, plus elle devenait enragée. Jouhaud fut arrêté le 25 mars, Degueldre le 6 avril, Salan le 15 mai. Le 8 avril, de Gaulle obtenait l'absolution de sa politique par un référendum dont les Français d'Algérie avaient été exclus. Pompidou remplaça Debré, sa tâche terminée, le 14 avril. De mars à mai, deux cent mille Européens quittèrent leur sol natal avec de maigres valises. Le gouvernement de Paris, qui n'avait rien prévu,

L a frénésie finale de l'OAS (ci-dessus, à Bab-el-Oued et à Oran), déclenchée par l'aberrante «instruction» Salan du 23 février 1962, relève de la psychiatrie. Salan s'est pris, non pour Franco, mais pour le de Gaulle de 1940, face au de Gaulle de «l'abandon» identifié à Pétain. Si la bataille de Bab-el-Oued le surprit, elle n'était à ses yeux pas plus coupable que l'affrontement qui avait opposé la France libre aux forces de Vichy en avril 1941 sur le front de Syrie.

voulut d'abord se persuader qu'il s'agissait d'estivants. Au sein de l'OAS, certains commencèrent à comprendre que la politique de la «terre brûlée» était suicidaire. Le 18 mai, sous l'égide de Jacques Chevallier, Jean-Jacques Susini négocia une trêve avec Abderrhamane Farès, président de l'exécutif provisoire, dans l'espoir d'éviter le départ en catastrophe d'un million d'Européens. Vains efforts. Les pieds-noirs n'étaient pas les Israéliens. L'ouverture des frontières aux soldats de l'ALN cantonnés en Tunisie et au Maroc provoqua le départ de ceux qui restaient : 355 000 pour le seul mois de juin.

Le 7 juin, les attentats reprirent, la bibliothèque de l'université d'Alger fut incendiée. Le 3 juillet, les résultats du référendum d'autodétermination du 1er juillet étaient publiés : 6 millions de «oui», 16 534 «non». Christian Fouchet remit à Abderrhamane Farès la lettre de De Gaulle qui reconnaissait l'indépendance de l'Algérie. Ce jour, déclaré fête nationale, donna lieu dans tout le pays à l'explosion de joie d'une jeunesse pleine d'espoir.

Le mot d'ordre de rassemblement «pacifique et unanime» de la rue d'Isly, destiné à briser le blocus de Bab-el-Oued, fut lancé sans l'accord de Salan. Il tourna à la catastrophe (ci-dessus) en raison de la présence dans le service d'ordre des musulmans du 4e Régiment de tirailleurs, ce que le commandant en chef, Ailleret, aurait voulu éviter.

"A Alger, à Oran, à Paris, un peuple acclame son indépendance; le général Bugeaud, le duc d'Orléans, disparaissent de suite sans tambour ni trompette; à Sidi Ferruch, l'insultant monument du «Centenaire» est attaqué à la barre à mine."

Paul Thibaud, *Vérité-Liberté*, juillet 1962

"Ce fut une fête énorme, tonitruante, formidable, déchirante, d'un autre monde. Des hauts de la ville jusqu'à la mer, les youyous vrillaient le ciel. C'était la nouvelle lune, comme en juillet 1830, lorsque les troupes du général de Bourmont étaient entrées dans Alger. Pour nous qui partions, c'était une lune de deuil."

Jules Roy, *Mémoires barbares*, 1989

"La guerre terminée, le peuple avait organisé un festin effréné où se bousculaient sans ménagement d'interminables discours sur la patrie et la fraternité. [...] Le peuple aurait très bien pu élever une digue entre le passé et lui pour fortifier son nouveau bonheur. [...] Mais le peuple tenait à ses morts comme une preuve irréfutable à exhiber un jour devant le parjure du temps et des hommes."

Tahar Djaout, *Les Chercheurs d'os*, 1984

La revanche des vainqueurs

Le calvaire des pieds-noirs et des musulmans qui s'étaient battus au côté de la France était loin d'être terminé. S'il est un groupe humain qui a payé ses erreurs, ce fut bien celui-là. Ceux qui, dans la bousculade de l'exode, restaient encore sur le sol algérien, n'avaient pas un grand secours à attendre du GPRA, lequel, défié par l'armée de Boumediene, dut céder le 15 septembre la place à Ben Bella. A la faveur de ce désordre, des actes de vengeance, plus ou moins incontrôlés, frappèrent les Européens et les supplétifs musulmans avec une violence insoutenable.

Oran fut ainsi, le 5 juillet 1962, le théâtre d'un massacre d'Européens qui, aujourd'hui encore, suscite des controverses passionnées. D'après les sources les plus fiables, les violences, signalées à 11 heures 50, se développèrent sans qu'interviennent les forces françaises, maintenues consignées sur ordre du commandant en chef, le général Katz, donné à 12 heures 15. La liste des enlèvements, tirs, lynchages s'allongeant d'heure en heure, la décision de protéger les Européens fut prise à 14 heures 20. Les escadrons de gendarmerie mobile ne furent en place qu'à partir de 15 heures 30. Les jours suivants, les enlèvements continuèrent de se compter par dizaines. Le bilan fut, au minimum, de 25 morts et 218 disparus. Dans toute l'Algérie, le nombre total des Européens disparus, signalés et jamais retrouvés, entre le 19 mars et le 31 décembre 1962, fut environ de mille huit cents. Au conseil des ministres du 18 juillet 1962, de Gaulle commenta : «A part quelques enlèvements, les choses se passent à peu près convenablement.»

L'abandon des harkis

Le sort des supplétifs musulmans de l'armée française fut encore plus cruel. Deux cent mille *moghaznis*, harkis et membres des groupes mobiles de sécurité (GMS), assimilés aux CRS, avaient servi dans l'armée française pendant les sept années de la guerre. Soit quatre fois plus que les forces de l'ALN, qui n'ont jamais dépassé cinquante mille hommes armés. Avec les familles, cela représentait environ un million de personnes, menacées de représailles inévitables. En mars 1962, quarante et un mille harkis et vingt-huit mille *moghaznis* et GMS portaient encore les armes. A ces hommes, particulièrement visés, leurs chefs avaient juré de ne pas les abandonner. Une décision, signée de De Gaulle, du 3 avril 1962 ordonna de les désarmer. Beaucoup, abusés par les promesses du FLN, choisirent de rester en Algérie. Les autres se heurtèrent aux instructions du gouvernement français, qui frappaient de sanctions les «initiatives

«Je ne suis pas de ceux qui pleurent parce que les Algériens deviennent aujourd'hui un peuple libre et que cette meule de moulin va être détachée de notre cou, écrit Mauriac dans son *Bloc-Notes*, le 1er juillet 1962. Mais je mesure l'amour que je voue à la nation naissante, devant ce qui la menace avant même qu'elle soit née. Le peuple algérien ne va-t-il sortir de son enfer que pour entrer dans un autre? Va-t-il se porter à lui-même des coups plus redoutables que ceux qu'il a reçus de l'OAS?» Dès le lendemain de la signature des accords d'Evian, la lutte pour le pouvoir en Algérie a, en effet, commencé. Elle oppose au GPRA de Ben Khedda (affiche ci-contre), soutenu par les wilayas III et IV, le «groupe de Tlemcen», dirigé par Ben Bella (page de gauche) appuyé par l'armée des frontières de Boumediene. Le 27 juin, Farès et Mostefaï ont démissionné de l'Exécutif provisoire pour dénoncer les extrémistes : «Les enlèvements de compatriotes ou d'Européens se multiplient; les occupations abusives d'appartements, de fonds de commerce, les vols de voitures, [...] les règlements de comptes concrétisent l'anarchie.»

isolées» en faveur des musulmans désireux de s'installer en métropole. Une note de Georges Pompidou, estimant «nécessaire le transfert en France des anciens supplétifs», sauva l'honneur, mais trop tard, le 19 septembre 1962. Ce furent ainsi au moins trente mille supplétifs, peut-être le double qui, d'après de nombreux témoignages, moururent torturés de façon effroyable.

Le gouvernement redoutait que les harkis envoyés en France ne servissent de masse de manœuvre à l'OAS. Le 12 mai 1962, une note du ministre des Affaires algériennes, Louis Joxe, au haut-commissaire Christian Fouchet exigeait que «les promoteurs et les complices» de ces rapatriements fussent recherchés et sanctionnés. Les supplétifs rapatriés de façon irrégulière seraient renvoyés en Algérie. «Il conviendra, ajoutait Joxe, d'éviter de donner la moindre publicité à cette mesure.» Le général Maurice Faivre évalue de 50000 à 70000 le nombre de supplétifs massacrés après le cessez-le-feu.

Le maire de Marseille a 150.000 habitants de trop

GASTON DEFFERRE

"Que les «pieds noirs» aillent se réadapter ailleurs"

L'exode des pieds-noirs

En France, les rapatriés furent souvent traités comme s'ils avaient été seuls responsables de leur sort. L'exemple venait de haut : du Général lui-même, dont le refus de tout apaisement s'explique non par la rancune, qui n'était pas à sa mesure, mais par la crainte, point injustifiée, que les pieds-noirs n'amènent en France les mœurs de l'OAS.

L'hostilité du maire de Marseille reflétait le sentiment général assimilant les rapatriés à l'OAS (ci-dessus, *Paris-Presse* le 27 juillet 1962).

Ces pieds-noirs anéantis (page précédente et ci-contre), que plus rien, en juillet, ne retient en Algérie, partent, pour la plupart, vers l'inconnu. Mais la métropole ne les connaît pas mieux. Raymond Aron, dans *La Tragédie algérienne* (1957), et Alain Peyrefitte, dans *Faut-il partager l'Algérie?* (1961), ont été à peu près seuls à avoir prévu leur retour massif, qui inquiète le gouvernement. Le secrétaire d'Etat aux Rapatriés, Robert Boulin, envisage en août, pour les jeunes désorientés du Midi, appelés «blousons noirs», un rappel sous les drapeaux anticipé; le garde des Sceaux, Jean Foyer, imagine d'abaisser pour eux l'âge de la responsabilité pénale. Du côté de la gauche, le club Jean Moulin suggère de lier les indemnités de rapatriement à la contrainte de lieux d'installation assignés. Au cours d'un conseil des ministres du 18 juillet 1962, de Gaulle souhaite leur retour en Algérie. Louis Joxe, méfiant à l'égard de cette «mauvaise graine», estime qu'il vaudrait mieux «qu'ils s'installent en Argentine, ou au Brésil, ou en Australie». «Mais non! rétorque de Gaulle. Plutôt en Nouvelle-Calédonie! ou en Guyane!»

L'attentat du Petit-Clamart, le 22 août, n'arrangea pas les choses. En novembre, il fallut l'intervention de Pompidou pour que de Gaulle consente enfin à gracier Jouhaud, condamné à mort le 13 avril. Le 11 mars 1963, le colonel Bastien-Thiry, responsable de l'attentat du 22 août, fut exécuté. Cette rigueur, peu propice à la réconciliation, fournit, en partie, en 1964, la matière d'un pamphlet célèbre de François Mitterrand, *Le Coup d'Etat permanent*. Mais peut-être aussi contribua-t-elle au rétablissement de l'Etat, dont le Général avait fait son principal dessein, et qu'il paracheva en instaurant, par le référendum du 28 octobre 1962, l'élection du président de la République au suffrage universel.

Cent trente-deux ans rayés de notre histoire

De Gaulle pensait que la crise algérienne se «tasserait» vite.

Il ne s'est pas trompé. La première loi d'amnistie fut votée dès 1964. En une génération, les pieds-noirs ont guéri de leur «nostalgérie»; l'Etat est sorti plus fort d'un «abandon» qui avait été considéré comme un symptôme irrémédiable de décadence; le thème de l'expansion a pris, sous Pompidou, la relève des ambitions défuntes de l'empire colonial. Cette guerre, pourtant, a vu passer deux millions de soldats français sur une terre magnifique; elle a tué une république; elle a permis d'en fonder une autre. Selon les estimations les plus sûres, une trentaine de milliers d'Européens et deux cent cinquante mille musulmans y ont laissé la vie. Depuis 1960, plus de mille titres sont parus sur le sujet. On discute des responsabilités. On se bat sur les chiffres.

La première Assemblée constituante, qui proclama la «République algérienne démocratique et populaire» (ci-dessus), dans la ligne du congrès de Tripoli de juin 1962, ne fut élue que le 20 septembre 1962. Au terme de mois de lutte entre le GPRA et le «bureau politique» du clan Ben Bella-Khider-Boumediene, appuyé par Abbas et rejoint par Krim et Boudiaf.

La mémoire du conflit se réveille à propos de l'immigration, du terrorisme en Corse, des crimes des intégristes depuis 1990. Mais rien ici qui se compare aux débats engendrés par la période de Vichy. Comment expliquer une cicatrisation aussi rapide, après tant de passion et de sang? Le remède est venu de la même cause qui a provoqué le mal. Dans la conscience nationale, l'Algérie n'a jamais eu d'existence propre. Elle était la France ou elle n'était rien. Depuis le débarquement de 1830 jusqu'à l'exode de 1962, la politique algérienne n'a jamais été que l'une des retombées ou l'un des enjeux de la politique intérieure. Pour des raisons symétriques de l'Algérie, l'ancienne métropole a, elle aussi, la page tournée, rayé ces cent trente-deux ans de son histoire.

L'affrontement, conclu par la défaite de la wilaya IV, le 30 août, avait coûté plus d'un millier de morts. L'Assemblée constituante, élue sur liste unique, fut aussitôt épurée par l'équipe de Ben Bella et confirmée par un plébiscite le 30 septembre 1962. Son premier président, Abbas, démissionna le 14 août 1963. Khider, nommé secrétaire général du FLN, dut de son côté abandonner sa place à Ben Bella – qui était en même temps chef du gouvernement. Boudiaf fut arrêté en juin. Ben Bella, resté seul maître, se fit porter à la présidence le 15 septembre 1963, après l'adoption par référendum de la Constitution, qui instaurait un régime à parti unique, socialiste et révolutionnaire. Aït Ahmed tenta d'organiser une opposition démocrate en Kabylie, en créant le Front des forces socialistes, fin septembre 1963. Mais il fut arrêté le 17 octobre 1964. Plus encore que l'autocratisme de Ben Bella, l'échec économique de la politique d'autogestion menée par ce dernier ouvrit la voie à Boumediene, qui s'empara du pouvoir par le coup d'Etat du 19 juin 1965.

TÉMOIGNAGES
ET DOCUMENTS

Comment assimiler les musulmans ?

Pendant la période de conquête, la colonisation a négligé la question arabe, qui a été prise en charge par l'armée. Sous la République, les limites de la nouvelle doctrine d'assimilation ont été aperçues très tôt, notamment par Jules Ferry. Une majorité écrasante de musulmans refusait la possibilité, qui leur était ouverte, de se faire naturaliser. Comment les franciser ? C'est à cette question que le projet Blum-Viollette de 1936 et, en Algérie, les premiers articles d'Albert Camus se proposaient de répondre.

Les Bureaux arabes contre les colons

On mesurera l'hostilité des colons aux militaires d'après ce jugement rétrospectif d'un anthropologue sur le fondateur des Bureaux arabes, le colonel Eugène Daumas, futur directeur des Affaires algériennes en 1850, général et sénateur.

Un bureau arabe vers 1860.

S'agit-il d'apprécier la gravité des plaintes portées par les Européens contre les indigènes et réciproquement ? Le colonel Daumas se plaît à atténuer les premières et à aggraver les secondes. Du côté des Européens, elles lui semblent avoir peu d'importance : une vache égarée que l'on trouve le lendemain, un âne volé (probablement celui de M. de Touchebœuf), un peu d'herbe mangée par les bœufs et des moutons et presque toujours chèrement payée par le propriétaire du troupeau. Pas un mot n'est ajouté sur les vols à main armée, les pillages, les incendies, les attentats de toute sorte, si communs à cette époque, commis par des bandes organisées. D'une nature beaucoup plus sérieuse sont à ses yeux les doléances des indigènes : empiétement de terrain, prise de possession de vive force, détournement des eaux, dévastation de toutes les récoltes par ces innombrables troupeaux de porcs qui errent sans gardien dans la plaine. Et le pauvre fellah ne peut rien ; s'il s'adresse aux tribunaux, la lenteur de notre procédure, les moyens dilatoires qu'on lui oppose, les frais d'un procès, tout l'éloigne de la justice française et il finit par abandonner son bon droit et sa Propriété.

[...] Voilà donc la thèse des Bureaux arabes à laquelle désormais ils se tiendront. Les indigènes sont les spoliés et partant les travailleurs, les Européens les spoliateurs et les usuriers. Ceux-ci veulent vivre aux dépens de ceux-là. Dès l'année 1846, le colonel Daumas se fait un honneur de dénoncer ces conséquences de la colonisation française ; il se dresse en justicier.

[...] A vouloir prendre toujours fait et cause pour leurs administrés indigènes, les Bureaux arabes se placèrent dans une situation fort difficile ; d'un côté les Arabes ne voulurent plus accepter d'autres juges que ces officiers, parce qu'ils étaient sûrs de leurs complaisances et aussi parce qu'on avait tout fait pour les convaincre qu'ils n'avaient aucune justice à attendre des tribunaux civils ; de l'autre, les colons se refusèrent à laisser juger leurs différends par des hommes si manifestement acquis à leurs adversaires, plus arabes que les Arabes eux-mêmes, disaient-ils non sans quelque raison.

Victor Demontès,
La Colonisation militaire sous Bugeaud, 1917

Les limites de l'assimilation

Sans aller jusqu'à proposer la création d'une Assemblée algérienne élue, la commission d'enquête présidée par Jules Ferry en 1892 comprit les excès du jacobinisme : « Les colonies, pas plus que les batailles, ne se commandent dans les bureaux d'un ministère. »

Assimiler l'Algérie à la métropole, leur donner à toutes les deux les mêmes institutions, le même régime législatif et politique, leur assurer les mêmes garanties, les mêmes droits, la même loi, c'est une conception simple et bien faite pour séduire l'esprit français. Elle a eu sur l'histoire de notre grande colonie une influence tour à tour bienfaisante et désastreuse. Elle pèse encore et pèsera toujours sur les esprits qui s'appliqueront à ce vaste problème. Elle a inspiré à

Jules Ferry en 1900.

Prévost-Paradol l'une de ses pages les plus émouvantes. Même aujourd'hui, après nombre d'expériences, il faut quelque courage d'esprit pour reconnaître que les lois françaises ne se transplantent pas étourdiment; qu'elles n'ont point la vertu magique de franciser tous les rivages sur lesquels on les importe; que les milieux sociaux résistent et se défendent, et qu'il faut en tout pays que le présent compte grandement avec le passé. [...]

Il est difficile de faire entendre au colon européen qu'il existe d'autres droits que les siens en pays arabe et que l'indigène n'est pas une race taillable et corvéable à merci [...]. Si la violence n'est pas dans les actes, elle est dans le langage et dans les sentiments. On sent qu'il gronde encore, au fond des cœurs, un flot mal apaisé de rancune, de dédain et de craintes. Bien rares sont les colons pénétrés de la mission éducatrice et civilisatrice qui appartient à la race supérieure; plus rares encore ceux qui croient à une amélioration possible de la race vaincue. Ils la proclament à l'envi incorrigible et non éducable, sans avoir jamais rien tenté cependant, depuis trente années, pour l'arracher à sa misère morale et intellectuelle. Le cri d'indignation universel qui a accueilli, d'un bout à l'autre de la colonie, les projets d'écoles indigènes que le Parlement français a pris à cœur, est un curieux témoignage de cet état d'opinion.

Maurice Viollette défend son projet

La loi républicaine peut-elle supporter une certaine dose de multiculturalisme? C'est la conviction de Maurice Viollette en 1936.

Sans doute on pose l'objection : « Pourquoi les indigènes ne se font-ils pas naturaliser suivant la loi de 1919, puisqu'ils tiennent tellement à être français? »

Pardon, répondons-nous, ils n'ont pas besoin de se faire naturaliser, puisqu'ils sont français. Réplique : « c'est entendu, ils sont français, mais pourquoi, pour le devenir absolument, n'abdiquent-ils pas leur statut personnel, notamment en ce qui concerne le statut de la famille ? »

Alors, autre question : des catholiques fervents demandent à se faire naturaliser : allons-nous leur demander d'abdiquer le statut personnel catholique, qui fait du mariage un sacrement et n'autorise pas le divorce ? [...] Au demeurant, qu'est-ce donc que ce fameux statut personnel ? Bien peu de chose, en vérité : le droit à la polygamie et un ensemble de règles successorales qui organise la dévolution des biens en rompant l'égalité entre les enfants, et cela au profit des mâles.

Mais justement, la polygamie n'existe plus que théoriquement. Il y a peut-être, et toutes proportions gardées, beaucoup moins d'unions multiples en Algérie qu'il n'y en a en France, les premières étant légales, il est vrai, et les secondes extra-légales. Qu'on ait le courage d'avouer que, sur les 6 000 ou 7 000 divorces prononcés chaque année, en France, plus des trois quarts le sont pour union collatérale, et ces unions ne sont pas tellement méconnues par le Code civil puisque, dans un certain nombre de cas, il admet la légitimation des enfants adultérins et que ces unions ne sont un délit que dans des cas extrêmement rares [...].

Quant au droit successoral, si je cherchais bien, est-ce que je ne trouverais pas encore tant de vieilles familles qui s'ingénient, par tous les moyens, à rétablir le droit d'aînesse et, en tout cas, à violer la règle de l'égalité entre les enfants ? [...]

Pour apaiser ce qu'il y a de virtualité xénophobe dans l'Islam, on va donc, de gré ou de force, parquer dans l'Islam tous ceux qui ne veulent pas abjurer, troupes et états-majors ? [...]

Dès lors, je le demande encore aux hommes de bonne foi, est-ce que la transaction acceptée par les indigènes algériens de 20 000 à 25 000 d'entre eux entrant dans un collège électoral de 150 000 à 180 000 Européens, suivant un droit qui leur sera personnel et qui ne sera pas transmissible aux héritiers, est-ce que cela n'est pas à la fois sage, prudent et juste ?

Maurice Viollette,
Paris-Soir,
7 mars 1936

Misère de la Kabylie

Par cette enquête, Camus révélait aux Algérois une misère qui se trouvait à leurs portes, et qu'ils ne voyaient pas.

Par un petit matin, j'ai vu à Tizi-Ouzou des enfants en loques disputer à des chiens kabyles le contenu d'une poubelle. A mes questions, un Kabyle a répondu : «C'est tous les matins comme ça.» Un autre habitant m'a expliqué que l'hiver, dans le village, les habitants, mal nourris et mal couverts, ont inventé une méthode pour trouver le sommeil. Ils se mettent en cercle autour d'un feu de bois et se déplacent de temps en temps pour éviter l'ankylose. Et la nuit durant, dans le gourbi misérable une ronde rampante de corps couchés se déroule sans arrêt. Ceci n'est sans doute pas suffisant puisque le Code forestier empêche ces malheureux de prendre le bois où il se trouve et qu'il n'est pas rare qu'ils se voient saisir leur seule richesse, l'âne croûteux et décharné qui servit à transporter les fagots. Les choses, dans la région de Tizi-Ouzou, sont d'ailleurs allées si loin qu'il a fallu que l'initiative privée s'en mêlât. Tous les mercredis, le sous-préfet, *à ses frais*, donne un repas à 50 petits Kabyles et les nourrit de bouillon et de pain. Après quoi, ils peuvent attendre la distribution de grains qui a lieu au bout d'un mois. Les sœurs blanches et le pasteur Rolland contribuent aussi à ces œuvres de charité.

Albert Camus,
Alger républicain, juin 1939

L'éveil de la conscience algérienne

Le sentiment national algérien a été forgé par les élites coloniales contre la France. Ce fut d'abord, entre les deux guerres, une réclamation de droits. Puis la construction d'une identité historique et religieuse. En 1945, les émeutes de Sétif et leur répression ont joué un rôle décisif dans la revendication de l'indépendance.

L'émir Khaled

Né en 1875 à Damas où il mourra en 1936, ancien élève de Saint-Cyr, ce petit-fils d'Abd el-Kader, d'un prestige immense et proche des Jeunes Algériens, a mené surtout campagne pour les droits de l'homme et contre la naturalisation. Grâce notamment à cette lettre au président Wilson, il est considéré en Algérie comme le père de l'indépendance.

Sous la tutelle draconienne de l'administration algérienne, les indigènes sont arrivés à un degré d'asservissement tel, qu'ils sont devenus incapables de récriminer : la crainte d'une répression impitoyable ferme toutes les bouches.

Malgré cela nous venons, au nom de mes compatriotes, faire appel aux nobles sentiments de l'honorable président de la Libre Amérique : Nous demandons l'envoi de délégués choisis librement par nous, pour décider de notre sort futur, sous l'égide de la Société des Nations.

Vos 14 conditions de paix mondiale, Monsieur le Président, acceptées par les Alliés et les Puissances Centrales, doivent servir de base à l'affranchissement de tous les petits peuples opprimés, sans distinction de race ni de religion.

Vous représentez aux yeux du monde entier le digne porte-drapeau du droit et de la justice. Vous n'êtes entré dans cette guerre gigantesque que pour les étendre à tous les peuples. Nous avons une foi ardente en votre parole sacrée. Cette requête est faite pour éclairer votre religion et attirer votre bienveillante attention sur notre situation de parias.

Pétition au Président Wilson, 1919

Ferhat Abbas : la nation introuvable

Ce texte souvent cité témoigne de la fragilité du nationalisme algérien, en un moment où l'adoption du projet Viollette aurait pu encore éviter le pire.

Si j'avais découvert la nation algérienne, je serais nationaliste et je n'en rougirais pas comme d'un crime. Les hommes morts pour l'idéal patriotique sont journellement honorés et respectés. Ma vie ne vaut pas plus que la leur. Et cependant, je ne mourrai pas pour la patrie algérienne parce que cette patrie n'existe pas. Je ne l'ai pas découverte. J'ai interrogé l'Histoire, j'ai interrogé les vivants et les morts, j'ai visité les cimetières : personne ne m'en a parlé. On ne bâtit pas sur du vent. Nous avons écarté une fois pour toutes les nuées et les chimères pour lier définitivement notre avenir à celui de l'œuvre française dans ce pays. Personne d'ailleurs ne croit à notre nationalisme. [...]

Ce que l'on veut combattre derrière ce mot de nationalisme, c'est notre émancipation économique et politique. Sans émancipation des indigènes, il n'y a pas d'Algérie française durable.

L'Entente, 23 février 1936

« Patrie algérienne » : la réponse de Ben Badis

Mais le constat d'Abbas doit être tempéré par la réponse du cheikh Ben Badis au Congrès musulman de 1936.

Nous avons cherché dans l'histoire et dans le présent, et nous avons constaté que la nation algérienne musulmane s'est formée et existe. Cette nation a son histoire illustrée par les plus hauts faits ; elle a son unité religieuse et linguistique ; elle a sa culture, ses traditions et ses caractéristiques. [...] Au surplus, elle n'est pas, ne veut pas et ne peut pas être la France. [...] Depuis plus de cent ans, on nous a fait

des promesses multiples, mais rien n'a abouti. Au lieu de demander, faut-il arracher ? Salut à vous, ô fils de l'Arabisme et de l'Islam. Notre renaissance est basée sur la paix, mais nous ferons la guerre aux tyrans et aux traîtres. Il faut savoir se défendre, se battre, et même donner sa vie pour abattre l'ennemi.

Ferhat Abbas : la nation retrouvée

Vingt-six ans plus tard, Abbas se répondait à lui-même dans un livre écrit à Rabat peu avant l'indépendance.

Comment un pays peut-il être français lorsque ses habitants ne le sont pas ? Par quel miracle les Arabes d'Algérie, traités comme tels par le régime colonial lui-même, sont-ils devenus, à l'exemple des Bretons, des Alsaciens, des Corses et des Savoyards, partie intégrante de la nation française ? A quel moment ont-ils exercé la moindre parcelle de la souveraineté française ? [...]

On ne peut cacher indéfiniment à un peuple son histoire. Il finit par la connaître et par l'écrire lui-même. Comme les Français ont écrit la leur.

En 1830, l'Algérie était un *Etat souverain*. Pourquoi le nier ? Le fait que la France l'ait détruit prouve la puissance de la France, mais non pas l'inexistence de l'*Etat algérien*.

Cet Etat, aux limites actuelles, remontait à 1515. Il n'était ni moins bien ni mieux organisé que beaucoup d'autres Etats. Il menait une vie nationale et internationale reconnue par de nombreux pays européens (la France, l'Angleterre, les Etats-Unis, la Hollande). Il avait signé avec eux différents traités. Militairement, il disposait d'une armée régulière de quinze mille hommes environ et d'une flotte de plus de soixante navires.

Ses frontières, bien définies à l'est comme à l'ouest, étaient reconnues de tous, aussi bien de la France que des Etats voisins. C'est au dey d'Alger que la Chambre de Commerce de Marseille s'est adressée pour créer le bastion de la Calle. Cette frontière de l'est est demeurée celle de la colonie française.

Pour la frontière de l'ouest, il suffit de rappeler le conflit qui surgit entre la France et le Maroc quand, en 1844, l'émir Abd el-Kader la franchit. On ne viole pas une frontière qui n'existe pas. Cette frontière algéro-marocaine est restée la même jusqu'à nos jours.

Ferhat Abbas,
La Nuit coloniale,
Julliard, 1962

Le Manifeste du peuple algérien

Ce texte, qui devait devenir, en 1945, la charte de l'UDMA, a été rédigé par Ferhat Abbas avec Ahmed Boumendjel après des entretiens avec le représentant de Roosevelt, Robert Murphy. Noter qu'il n'y est pas question d'indépendance.

L'Algérie est depuis le 8 novembre dernier sous l'occupation des forces anglo-américaines. [...]

Nous avons pensé qu'après les malheurs de la France de 1940, le colon allait réaliser et reconsidérer le problème algérien. Pas plus que la victoire de 1918, la défaite de la métropole ne l'obligea à la réflexion. [...]

Le bloc européen et le bloc musulman restent distincts l'un de l'autre, sans âme commune. L'un, fort de ses privilèges et de sa position sociale, l'autre menaçant par le problème démographique qu'il crée et par la place au soleil qu'il revendique et qui lui est refusée [...].

L'heure est passée où un musulman algérien demandera autre chose que d'être un Algérien musulman [...].

Le président Roosevelt, dans sa déclaration faite au nom des Alliés, a donné l'assurance que dans l'organisation du nouveau monde, les droits de tous les peuples, petits et grands, seraient respectés.

Fort de cette déclaration, le peuple algérien demande dès aujourd'hui, pour éviter tout malentendu et barrer la route aux visées et aux convoitises qui pourraient naître demain :

a) La condamnation et l'abolition de la colonisation, c'est-à-dire de l'annexion et de l'exploitation d'un peuple par un autre peuple. [...]

b) L'application pour tous les pays, petits et grands, du droit des peuples à disposer d'eux-mêmes.

c) La dotation à l'Algérie d'une Constitution propre garantissant :

1o La liberté et l'égalité absolues de tous ses habitants sans distinction de race ou de religion.

2o La suppression de la propriété féodale par une grande réforme agraire et le droit au bien-être de l'immense prolétariat agricole.

3o La reconnaissance de la langue arabe comme langue officielle, au même titre que la langue française.

4o La liberté de la presse et le droit d'association.

5o L'instruction gratuite et obligatoire pour les enfants des deux sexes.

6o La liberté du culte pour tous les habitants et l'application à toutes les religions du principe de la séparation de l'Eglise et de l'Etat.

d) La participation immédiate et effective des musulmans algériens au gouvernement de leur pays ainsi que cela a été fait par le gouvernement de Sa Majesté britannique et le général

Catroux en Syrie, et par le gouvernement du maréchal Pétain et les Allemands en Tunisie. [...]

e) La libération de tous les condamnés et internés politiques, à quelque parti qu'ils appartiennent.

La garantie et la réalisation de ces cinq points assureront l'entière et sincère adhésion de l'Algérie musulmane à la lutte pour le triomphe du droit et de la liberté [...].

Ferhat Abbas,
Fait à Alger,
le 10 février 1943

Qu'est-ce que le Parti du peuple algérien ?

L'agitation nationaliste menée par Messali Hadj en Algérie, à la suite de l'échec du projet Viollette, conduisit le gouvernement Blum à dissoudre l'Etoile nord-africaine. Messali fonda alors le Parti du peuple algérien (PPA), le 11 mars 1937. Dans sa présentation ci-après, il n'est pas davantage question d'indépendance. Noter que le PPA se démarque du Parti communiste, en rejetant la lutte de classes.

Que sont le Parti du peuple algérien, son programme politique et son action ? [...]

Le Parti du peuple algérien a pour tâche immédiate la lutte pour l'amélioration morale et matérielle des Algériens. Il luttera pour les plus petites revendications et ne négligera rien pour défendre les intérêts de tous. [...]

Le Parti du peuple algérien défendra tout le peuple algérien, il ne fera aucune distinction entre ses enfants ; il travaillera, précisément pour que l'ensemble de la population, sans distinction de rang ni de religion, puisse jouir des mêmes droits, des mêmes libertés, en accomplissant les mêmes devoirs. *Ni assimilation, ni séparation, mais émancipation.*

Le Parti du peuple algérien repousse toute politique d'assimilation parce que celle-ci est contraire aux traditions du peuple, à son passé et contraire également à la Convention du 5 juillet 1830 qui confirme d'une façon absolue le respect des traditions islamiques, le commerce, la liberté et la propriété.

En repoussant l'assimilation, le Parti du peuple algérien travaillera pour l'émancipation totale de l'Algérie, sans pour cela se séparer de la France. L'émancipation de l'Algérie sera l'œuvre de ses enfants et de l'aide effective du peuple français qui doivent, tous les deux, collaborer pour le bien-être général des deux pays et pour leur sécurité.

Par conséquent, l'Algérie émancipée, en jouissant des libertés démocratiques qu'elle aura conquises au courant de son action, ayant ainsi *une autonomie administrative, politique, économique à l'intérieur*, elle s'intégrera librement dans le système de sécurité collectif français de la Méditerranée.

L'Algérie émancipée sera l'amie et l'alliée de la France ; les intérêts communs de nos deux pays et la sécurité exigent une entente et une collaboration franche, loyale de tous. [...]

L'action du Parti du peuple algérien ne sera ni lutte de race ni lutte de classe ; aux autres communautés vivant chez nous, il tendra fraternellement la main, sans tenir compte de leur race et de leur religion ; la seule condition qu'il demandera à tous, c'est l'union de tous et la participation de tous à la direction politique, économique et sociale de notre pays. [...]

Déclaration
du bureau politique du PPA,
El Ouma, 10 avril 1937

Sétif, mai 1945 : bilan de rupture

Le rapport de la commission présidée
par le général de gendarmerie Tubert
était sans concessions. Il fut vite étouffé.

Inutile d'insister longuement sur un état
d'esprit navrant et bien connu. Alors que
la fraternité régnait sur les champs de
bataille de l'Europe, en Algérie le fossé
se creusait de plus et plus entre les deux
communautés. Déjà les provocations
fusent. Les indigènes menacent les
Français. Beaucoup n'osent plus se
promener avec des Européens. Les
pierres volent, les injures pleuvent.
Les Européens répliquent par des termes
de mépris. « Sale race » résonnait trop
fréquemment. Les indigènes n'étaient
pas toujours traités, quel que fût leur
rang, avec le minimum d'égards. Ils sont
l'objet de moqueries, de vexations.

Trois faits nous ont été racontés,
prouvant l'état d'esprit de la population
musulmane. Un instituteur de la région
de Bougie donne à ses élèves un modèle
d'écriture : « Je suis français, la France
est ma patrie. » Les enfants musulmans
écrivent : « Je suis algérien, l'Algérie est
ma patrie. »

Un autre instituteur fait un cours sur
l'Empire romain, il parle des esclaves.
« Comme nous », crie un gosse.

A Bône enfin une partie de football
opposant une équipe entièrement
européenne à un « onze » musulman doit
être arrêtée par crainte d'émeute…

La multiplicité des renseignements
qui nous sont parvenus permet
d'affirmer que les démonstrations de cet
état d'esprit couvraient *tout le territoire*
algérien. […]

Conclusion incontestée : les émeutes
avaient un caractère politique et

tendaient à réclamer la libération de Messali Hadj et l'indépendance de l'Algérie. Il est permis de s'étonner que la conjonction des éléments PPA, Amis du Manifeste et ulémas ait pu se préparer, se conclure et étendre ses effets avec une telle ampleur sans que l'administration ait paru lutter contre un danger dont elle ne semble avoir compris la gravité que peu de jours avant les événements.

La commission, en conclusion, signale la psychose de peur qui étreint les colons. Elle signale également cette peur chez les musulmans. Peur qui, mêlée à des sentiments de mécontentement et de suspicion, agite les masses musulmanes.

Il est nécessaire de rassurer les uns et les autres et de définir *sans tarder* et avec *netteté* et sincérité, les programmes politiques et économiques que les pouvoirs publics décideront d'appliquer à l'Algérie.

Rapport Tubert, mai 1945

Sétif : Kateb Yacine, écolier

Né en 1929 à Constantine, mort en 1989 après avoir reçu à Paris le Grand Prix national des Lettres, Kateb Yacine a été marqué, lycéen, par les émeutes de Sétif, qu'il évoque dans son plus célèbre roman. Sa mère, le croyant fusillé, y perdit la raison.

Le peuple était partout, à tel point qu'il devenait invisible, mêlé aux arbres, à la poussière, et son seul mugissement flottait jusqu'à moi ; pour la première fois, comme à Sétif, je me rendais compte que le peuple peut faire peur, mais l'avocat jouait courageusement au pacificateur. La peur pour son argent et ses terres était plus forte que la peur du peuple, et l'avocat suppliait les gens de partir, ou d'attendre.

Et la foule se mit à mugir :

«Attendre quoi ? Le village est à nous,

«Vous les riches vous couchez dans les lits des Français

«Et vous vous servez dans leurs docks.

«Nous on a un boisseau d'orge et nos bêtes mangent tout.

«Nos frères de Sétif se sont levés.»

L'avocat battait en retraite, suivi du muphti dont la barbe faisait des bonds et des bonds : «Mes enfants, soyons sages, de nos jours on ne se bat pas contre des tanks, ayez confiance en vos chefs, nous vous promettons…»

«Que les chefs montrent le chemin, assez dormi, attaquons. […]»

[…] il n'y eut plus un mot, l'avocat et le muphti fermaient la marche. *Plus de discours, plus de leaders,* de vieux fusils hoquetaient, *au loin les ânes et les mulets conduisaient loyalement notre jeune armée,* y avait des femmes à nos trousses, et des chiens et des enfants. *Le village venait tout entier à notre rencontre,* les gens avaient bien changé, *ils ne fermaient plus les portes derrière eux,* c'était juste le jour du Certificat d'Etude, ceux qui avaient échoué acclamaient les fellahs, je remarquai l'adjoint de l'administrateur déguisé en Arabe rasant les murs, *grand-père était parmi les manifestants,* inutile de lui parler.

Les automitrailleuses, les automitrailleuses, *les automitrailleuses,* y en a qui tombent et d'autres qui courent parmi les arbres, *y a pas de montagne, pas de stratégie,* on aurait pu couper les fils téléphoniques, *mais ils ont la radio* et des armes américaines toutes neuves. *Les gendarmes ont sorti leur side-car,* je ne vois plus personne autour de moi.

– Ah bâtard, toi aussi !

Et me voilà en prison.

Kateb Yacine,
Nedjma,
Le Seuil, 1956

Le soulèvement et la guerre

Jusqu'en 1954, la révolte avait été localisée dans des zones réputées rebelles. Le pouvoir ne pouvait imaginer la perspective d'un soulèvement général et organisé. Prévenu de l'insurrection par ses services de renseignement, il n'en a pas tenu compte. Après la Toussaint sanglante, il a sous-estimé l'efficacité de la stratégie du FLN, qui savait, lui, que la lutte serait longue, mais l'issue « certaine ».

La mise en garde du directeur de la Sûreté

On ne pouvait imaginer avertissement plus explicite, quant aux causes directes, aux moyens et à l'heure de l'insurrection, que la note de Jean Vaujour, adressée par le gouverneur Léonard au ministre de l'Intérieur François Mitterrand.

Alger, le 23 octobre 1954

J'ai l'honneur de vous adresser, sous ce pli, un rapport établi par la police des Renseignements généraux d'Alger sur la constitution en Algérie d'un groupe autonome d'action directe par les séparatistes extrémistes.

Cette éventualité a, à plusieurs reprises, été évoquée dans mes synthèses et rapports à la suite de renseignements recueillis ou de déclarations ouvertes de certains exaltés en différents points du territoire. Il s'agissait généralement d'affirmations selon lesquelles une action se préparait clandestinement par la formation de cadres, le recrutement d'éléments sûrs et la recherche d'armes diverses.

Le rapport ci-joint apporte sur cette organisation des précisions appelant tout particulièrement notre attention sur le danger peut-être immédiat qu'elle pourrait comporter.

Ainsi il se confirme que, se substituant aux chefs connus ou clandestins des organisations séparatistes dont il a fréquemment condamné l'attentisme, le Comité de Libération du Maghreb du Caire ait prescrit et réalisé avec une rapidité inquiétante la mise sur pied d'un groupement d'éléments les plus dangereux susceptibles d'entreprendre, peut-être sans délai, une action. Le but de celle-ci serait d'entraîner les hésitants des clans lahoueliste et messaliste du MTLD-PPA, quel que soit le degré actuel de préparation.

Le rôle de ce groupement serait de «forcer la main» à la masse musulmane algérienne et donc d'intégrer l'Algérie dans le front de troubles déjà réalisé de part et d'autre en Tunisie et au Maroc.

Au surplus, ce mouvement s'inscrirait très opportunément dans la campagne d'agitation et de solidarité récemment prescrite du Caire dans toute l'Afrique du Nord au moment où les questions marocaine et tunisienne doivent être examinées à l'ONU.

J'étudie avec une particulière attention les mesures à prendre en vue de préserver l'ordre et la sécurité publics des menaces que cette situation pourrait comporter.

Certes, les éléments de décisions efficaces à cet effet sont difficiles à réunir étant donné que les membres de ces groupements sont surtout recrutés parmi les hors-la-loi depuis longtemps soustraits à l'action des forces de l'ordre par des complicités diverses et très agissantes.

J'ajoute que l'état-major responsable se trouve au Caire et est de ce fait d'autant plus susceptible de prendre la responsabilité de troubles sur le territoire algérien que ses membres sont assurés de l'impunité.

Dans ces conditions, peut-on penser que nous sommes à la veille d'attentats en Algérie?

Il est impossible de l'affirmer de façon absolue, mais il convient à mes yeux de le redouter.

Signé : Léonard
Jean Vaujour,
De la Révolte à la Révolution,
Albin Michel, 1985

La proclamation du Front de libération nationale

En vue de l'indépendance, un «mouvement national révolutionnaire» ralliant «les énergies saines» dans le cadre des «principes islamiques», est décidé à employer «tous les moyens». En l'absence de toute perspective de solution modérée, la charte du FLN portait inscrites l'ambition totalitaire et la terreur.

Au Peuple algérien
Aux militants de la cause nationale
Alger, le 31 octobre 1954
[...] notre mouvement national, terrassé par des années d'immobilisme et de routine, mal orienté, privé du soutien indispensable de l'opinion populaire, dépassé par les événements, se désagrège progressivement à la grande satisfaction du colonialisme qui croit avoir remporté la plus grande victoire de sa lutte contre l'avant-garde algérienne.

L'heure est grave.

Devant cette situation qui risque de devenir irréparable, une équipe de jeunes responsables et militants conscients, ralliant autour d'elle la majorité des éléments encore sains et décidés, a jugé le moment venu de sortir le mouvement national de l'impasse où l'ont acculé les luttes de personnes et d'influence pour le lancer aux côtés des frères Marocains et Tunisiens dans la véritable lutte révolutionnaire.

Nous tenons, à cet effet, à préciser que nous sommes indépendants des deux clans qui se disputent le pouvoir. Plaçant l'intérêt national au-dessus de toutes considérations mesquines et erronées de personnes et de prestige, conformément aux principes révolutionnaires, notre action est dirigée uniquement contre le colonialisme, seul ennemi obstiné et aveugle qui s'est toujours refusé à accorder la moindre liberté par des moyens de lutte pacifique. Ce sont là, nous pensons, des raisons suffisantes qui font que notre mouvement de rénovation se présente sous l'étiquette de :

FRONT DE LIBÉRATION NATIONALE

se dégageant ainsi de toutes les compromissions possibles et offrant la possibilité à tous les patriotes algériens de toutes les couches sociales, de tous les partis et mouvements purement algériens de s'intégrer dans la lutte de libération sans aucune autre considération.

Pour nous préciser, nous retraçons ci-après les grandes lignes de notre programme politique :

But. – Indépendance nationale par :

1º – La restauration de l'Etat Algérien souverain, démocratique et social dans le cadre des principes islamiques ;

2º – Le respect de toutes les libertés fondamentales sans distinction de races et de confessions.

Objectifs intérieurs :

1º – Assainissement politique par la remise du mouvement national révolutionnaire dans sa véritable voie et par là, l'anéantissement de tous les vestiges de corruption et de réformisme, causes de notre régression actuelle ;

2º – Rassemblement et organisation de toutes les énergies saines du peuple algérien pour la liquidation du système colonial.

Objectifs extérieurs :

1º – Internationalisation du problème algérien ;

2º – Réalisation de l'unité nord-africaine dans son cadre naturel arabo-musulman ;

3º – Dans le cadre de la Charte des Nations unies, affirmation de notre sympathie à l'égard de toutes nations qui appuieraient notre action libératrice.

Moyens de lutte :

conformément aux principes révolutionnaires et compte tenu des situations intérieure et extérieure, la continuation de la lutte par tous les moyens jusqu'à la réalisation de notre but.

Pour parvenir à ces fins, le Front de libération nationale aura deux tâches essentielles à mener de front et simultanément : une action intérieure tant sur le plan politique que de l'action propre et une action extérieure en vue de faire du problème algérien une réalité pour le monde entier avec l'appui de tous nos alliés naturels.

C'est là une tâche écrasante qui nécessite la mobilisation de toutes les énergies et de toutes les ressources nationales. Il est vrai, la lutte sera longue, mais l'issue est certaine. […]

Commandant Bencherif de l'ALN, fait prisonnier le 25 octobre 1960.

Le boycottage du tabac et des alcools

Cet « appel », présenté en termes rationnels, ne doit pas faire oublier que les contrevenants avaient le nez ou les lèvres coupés. Le fanatisme est d'autant plus dangereux qu'il prend appui sur la raison.

15 juin 1955
Le FLN appelle le peuple algérien à s'abstenir de fumer et à ne plus fréquenter les débits de boissons servant des alcools.

Cette mesure sera non seulement un acte de foi – foi en la libération de la Patrie du joug colonialiste – mais elle permettra aussi de porter un grand coup à l'économie impérialiste.

En s'abstenant de l'usage des tabacs et des alcools, les Algériens manifesteront unanimement leur approbation au combat libérateur que mène notre glorieuse Armée de libération nationale.

Boycotter le tabac et l'alcool, c'est enfin montrer au monde que le peuple algérien est mûr, qu'il est capable de suivre un mot d'ordre, qu'il sait ce qu'il veut et où il va.

Vive la solidarité algérienne.

Gloire à ceux qui sont morts pour que vive l'Algérie libre et indépendante.

La plate-forme de la Soummam (août-septembre 1956)

Dominé par Abbane Ramdane, le congrès de la Soummam réunit les chefs de la Résistance intérieure : Constantinois, Kabylie, Algérois. Sa plate-forme était contradictoire.

A rrestation d'un rebelle.

D'un côté elle contestait l'arbitraire de la Résistance extérieure, menée par Ben Bella, et souhaitait respecter les lois de la guerre. De l'autre, privilégiant le « politique » par rapport au militaire, elle portait l'offensive dans les villes et fut à l'origine de la bataille d'Alger.

POURQUOI NOUS COMBATTONS
La révolution algérienne a la mission historique de détruire de façon définitive et sans retour le régime colonial odieux, décadent, obstacle au progrès et à la paix.

I. Les buts de la guerre

Les buts de la guerre, c'est le point final de la guerre à partir duquel se réalisent les buts de la paix. Les buts de guerre, c'est la situation à laquelle on accule l'ennemi pour lui faire accepter tous nos buts de paix. Ce peut être la victoire militaire ou bien la recherche d'un cessez-le-feu ou d'un armistice en vue de négociations. Il ressort que, vu notre situation, nos buts de guerre sont politico-militaires. Ce sont :

1 – L'affaiblissement fatal de l'armée française, pour lui rendre impossible une victoire par les armes ;

2 – La détérioration sur une grande échelle de l'économie colonialiste par le sabotage, pour rendre impossible l'administration normale du pays ;

3 – La perturbation au maximum de la situation en France sur le plan économique et social pour rendre impossible la continuation de la guerre ;

4 – L'isolement politique de la France en Algérie et dans le monde ;

5 – Donner à l'insurrection un développement tel qu'il la rende conforme au droit international (personnalisation de l'armée, pouvoir politique reconnaissable, respect des lois de la guerre, administration normale des zones libérées par l'ALN) ;

6 – Soutenir constamment le peuple devant les efforts d'extermination des Français.

II. Cessez-le-feu

Conditions :

a) politiques :

1 – reconnaissance de la nation algérienne indivisible. Cette clause est destinée à faire disparaître la fiction colonialiste de « l'Algérie française » ;

2 – reconnaissance de l'indépendance de l'Algérie et de sa souveraineté dans tous les domaines, jusque et y compris la défense nationale et la diplomatie ;

3 – libération de tous les Algériens et Algériennes emprisonnés, internés ou exilés en raison de leur activité patriotique avant et après l'insurrection nationale du 1er novembre 54 ;

4 – reconnaissance du FLN, comme seule organisation représentant le peuple algérien et seule habilitée en vue de toute négociation. En contrepartie, le FLN est garant et responsable du cessez-le-feu au nom du peuple algérien.

b) militaires : Les conditions militaires seront précisées ultérieurement.

Le ralliement d'un modéré : « Négociez avec le FLN ! »

Symbole éclatant de l'assimilation, Abderrhamane Farès, d'origine modeste, fut le premier notaire musulman. Installé à Kollo, son premier acte fut de marier son instituteur français. Il entra dans l'opposition avec le manifeste des « 61 », en septembre 1955. En 1956, le ralliement au FLN de cet élu de l'Assemblée algérienne – qu'il avait présidée en 1953 – aurait dû constituer un avertissement.

De nombreuses voix européennes et musulmanes plus autorisées que la mienne ont déjà donné leur sentiment sur ce point, soit publiquement, soit en privé, et un vieux proverbe de la vallée de la Soummam, doux berceau de mon enfance, aujourd'hui tellement pacifiée qu'il n'existe presque plus aucun lien entre les pouvoirs publics et les populations, ce vieux proverbe dit : « Ecoute bien les conseils de l'ami

Abderrhamane Farès.

sincère, c'est-à-dire celui qui te fait pleurer en te disant la vérité et discute immédiatement avec celui dont tu ne partages ni les idées ni les intérêts. »

Vivant sur le sol natal tous les jours avec mes compatriotes, les drames tragiques de notre malheureux pays, mon devoir est de dire franchement et loyalement aux pouvoirs publics, qu'avec ou sans le règlement de «l'affaire de Suez » il n'y aura en Algérie ni expérience Bao Dai où Ben Arafa, ni tiers parti comme certains l'espèrent. Le seul interlocuteur valable à l'heure actuelle est le FLN, qui a su grouper derrière lui la quasi-unanimité du peuple algérien. [...]

En souvenir et à la mémoire de ces «va-nu-pieds superbes», qui constituèrent la majeure partie de l'armée d'Afrique, dont le sacrifice suprême permit à la France, au moment le plus tragique de sa glorieuse histoire, de reconquérir sa fierté et son indépendance, je me permets, en terminant, de lancer aux pouvoirs publics et au noble peuple de France un véritable cri de détresse; mon vœu le plus fervent est qu'il soit entendu avant que le fossé qui sépare déjà nos populations ne devienne un véritable abîme.

Entretien donné au *Monde*,
25 septembre 1956

Une guerre sans issue

Raymond Aron eut, dès 1956-1957, l'intuition éblouissante des conséquences de la guerre sur la IVᵉ République et sur l'avenir de l'Algérie, si le régime se révélait incapable de négocier son indépendance.

Moins que jamais on peut abandonner les Français d'Algérie et les Algériens fidèles à la France à la fureur des fanatiques. Moins que jamais la pacification telle qu'elle est menée depuis des mois promet la paix.

Aujourd'hui comme hier, on n'aperçoit qu'une issue : ne plus s'opposer, en principe, aux revendications des nationalistes, poser des conditions à l'évolution inévitable, fixer des délais à la constitution d'un Etat algérien.

C'est maintenant, peut-être pour la dernière fois, que la France peut encore prendre seule une initiative. Si le nouveau gouvernement suit la même voie que le précédent, la guerre d'Algérie, d'ici quelques semaines ou quelques mois, cessera d'être une affaire exclusivement française. La pénurie de devises obligera à des mesures d'austérité que l'opinion est loin de pressentir. Guerre d'Algérie et crise économique mettront à rude épreuve un Parlement en quête d'une majorité et un régime en mal d'autorité.

Voici venir, pour nous tous, l'épreuve peut-être décisive. Nulle solution miraculeuse ne nous épargnera les efforts et les amertumes d'une réadaptation à un monde qui a changé de face. Voulons-nous affronter l'épreuve dans la lucidité, en cherchant la paix avec le nationalisme qui soulève les masses musulmanes et qui ne peut pas épargner l'Algérie ? Ou bien, obstinés à défendre des positions théoriques, que désavouent la moitié des Français et presque tous nos amis en Europe et en Amérique, acceptons-nous le destin qui nous entraîne vers une guerre sans terme, vers une intervention étrangère ou vers une mêlée confuse où nous réagirons à notre malheur en nous déchirant mutuellement ?

Que peut le simple citoyen sinon crier son angoisse et lancer un appel au courage de la vérité ?

6 juin 1957
Raymond Aron,
La Tragédie algérienne (conclusion),
Plon, 1957

Terrorisme et torture

La terreur et la torture s'expliquant l'une par l'autre, les intellectuels qui se sont engagés dans le débat ne pouvaient s'en tenir, comme Camus, à la position de principe consistant à les condamner absolument l'une et l'autre. Mais, à l'exception du jugement absolu des sartriens en faveur du terrorisme, ils ne pouvaient pas, non plus, justifier moralement l'une contre l'autre. Aussi leurs arguments ont-ils largement reposé sur une appréciation subjective des responsabilités. Pour la gauche, le FLN incarnait la Résistance. Contre l'occupant, il n'avait pas le choix des moyens. Pour la droite, l'armée incarnait la République. Contre les meurtriers de civils innocents, elle n'avait pas le choix des moyens. A chacun ses barbares.

Sartre : « abattre un Européen »...

La stratégie de la terreur fut mise en théorie par un psychiatre martiniquais installé en Algérie, Franz Fanon (1925-1961). Son dernier essai, Les damnés de la terre *(1961), qui a fait de lui un prophète du tiers-mondisme, fut préfacé par Jean-Paul Sartre.*

Un seul devoir, un seul objectif : chasser le colonialisme par *tous* les moyens. Et les plus avisés d'entre nous y consentiraient, à la rigueur, mais ils ne peuvent s'empêcher de voir dans cette épreuve de force le moyen tout inhumain que des sous-hommes ont pris pour se faire octroyer une charte d'humanité : qu'on l'accorde au plus vite et qu'ils tâchent alors, par des entreprises pacifiques, de la mériter. Nos belles âmes sont racistes.

Elles auront profit à lire Fanon ; cette violence irrépressible, il le montre parfaitement, n'est pas une absurde tempête ni la résurrection d'instincts sauvages ni même un effet du ressentiment : c'est l'homme lui-même se recomposant. Cette vérité nous l'avons sue je crois, et nous l'avons oubliée : les marques de la violence, nulle douceur ne les effacera : c'est la violence qui peut seule les détruire. Et le colonisé se guérit de la névrose coloniale en chassant le colon par les armes. Quand sa rage éclate, il retrouve sa transparence perdue, il se connaît dans la mesure même où il se fait ; de loin nous tenons sa guerre comme le triomphe de la barbarie ; mais elle procède par elle-même à l'émancipation progressive du combattant, elle liquide en lui et hors de lui, progressivement, les ténèbres coloniales. Dès qu'elle commence, elle est sans merci. Il faut rester terrifié ou devenir terrible ; cela veut dire : s'abandonner aux dissociations d'une vie truquée ou conquérir l'unité natale. Quand les paysans touchent des fusils, les vieux mythes pâlissent, les interdits sont un à un renversés : l'arme d'un combattant, c'est son humanité. Car, en ce premier temps de la révolte, il faut tuer : abattre un Européen, c'est faire d'une pierre deux coups, supprimer en même temps un oppresseur et un opprimé : restent un homme mort et un homme libre.

Jean-Paul Sartre,
Préface à *Les Damnés de la terre*
de Franz Fanon,
Maspero, 1961

Des justiciers barbares...

Jean Daniel, ami de Camus, devenu directeur du Nouvel Observateur, *a publié en 1992 un carnet de 1961, où l'on trouve ces notes sur Sartre et Fanon :*

Pour moi, le phénomène Fanon-Sartre est aussi important que le phénomène Sorel (Georges). Ce dernier avait infléchi les réflexions de Mussolini et de Lénine. Si *les Damnés de la terre* deviennent le livre de référence de quelques grands agitateurs ou leaders, c'est tout le tiers monde qui peut entrer en convulsions. Après avoir trouvé nécessaire de tuer le colonialiste, ils trouveront indispensables de tuer ceux qui, parmi eux, hésitent à tuer. L'assassinat rédempteur sera pire que le crime logique des staliniens.

Ce livre de Fanon : un livre terrible, terriblement révélateur, terriblement annonciateur des justiciers barbares. Les disciples de ces thèses seront des assassins tranquilles, des bourreaux justifiés, des terroristes sans autre cause que celle de s'affirmer par la mort des autres. S'il faut la mort du Blanc pour que le Noir vive, alors on retourne au sacrifice du bouc émissaire. Je suis effaré, consterné, je suis trop malade pour répondre ; de toute

manière, aurais-je eu la voix ? Qui parlera ? Le bâillon du progressisme et du masochisme frappe de mutisme les meilleurs. C'est le désert. Mauriac, lui aussi, se sent «coupable». Et voici que Camus nous manque déjà. Il ne se doutait pas de ce qui lui survivrait. Ce n'est pas à Fanon que j'en ai, c'est à Sartre. Si c'est à cela que sert le génie, quelle dérision, quel démoniaque égarement !

Jean Daniel,
notes de 1961, in *La Blessure*,
Grasset, 1992

Violence et révolution

Instituteur d'origine kabyle, écrivain francophone, ami d'Emmanuel Roblès et d'Albert Camus, Mouloud Feraoun réfléchit ici sur la nécessité de la violence dans la révolution. Il fut assassiné par l'OAS, avec cinq de ses collègues de l'inspection des centres sociaux, le 15 mars 1962.

Il est juste cependant de dire que la violence même du terrorisme a fait sortir pas mal d'entre nous de notre quiétude et de notre paresse à réfléchir. Chacun de nous a été obligé de se pencher sur le problème, de faire son examen de conscience, de trembler pour sa peau parce que la peau du Kabyle ne vaut pas cher aux yeux du terroriste. Les suspects tombent aux détours des chemins. [...] Et personne ne condamne les exécuteurs. [...]

À partir de ce moment les mots d'ordre sont accueillis comme autant de décrets. Les étagères se vident de cigarettes, les fumeurs renoncent au tabac et ne veulent plus fumer chez eux en cachette. Les cafés français sont unanimement désertés, on ne voit plus d'ivrogne titubant dans les rues. [...] Il est clair que tout le monde participe de cœur au combat, que la peur raisonnée cesse d'être la peur pour devenir obéissance et qu'à partir du moment où il est nécessaire d'obéir, il est nécessaire aussi d'adhérer. Alors tout le monde adhère, cherche pourquoi il adhère, découvre le mal qu'il connaît et qu'il se refusait de voir. La pensée fait des pas de géant.

Mouloud Feraoun,
Journal (1955-1962),
Le Seuil, 1962

L'intellectuel de gauche et le terrorisme

Rendu célèbre en 1953 par un roman, La Statue de sel, *le philosophe Albert Memmi diagnostiqua dès 1955 dans* Les Temps modernes *de Sartre, avec les premières pages de son* Portrait du colonisé, *l'impossibilité d'une solution morale pour sortir de l'impasse coloniale.*

On sait que la tradition de gauche condamne le terrorisme et l'assassinat politique. Lorsque les colonisés en vinrent à les employer, l'embarras du colonisateur de gauche fut très grave. Il s'efforce de les détacher de l'action *volontaire* du colonisé, d'en faire un épiphénomène de sa lutte : ce sont, assure-t-il, des explosions spontanées de masses trop longtemps opprimées, ou mieux des agissements d'éléments instables, douteux, difficilement contrôlables par la tête du mouvement. Bien rares furent ceux, même en Europe, qui aperçurent et admirent, osèrent dire que l'écrasement du colonisé était tel, telle était la disproportion des forces, qu'il en était venu, moralement à tort ou à raison, à utiliser *volontairement* ces moyens. Le colonisateur de gauche avait beau faire des efforts, certains actes lui parurent incompréhensibles, scandaleux et politiquement absurdes ; par exemple la mort d'enfants ou d'étrangers à la lutte, ou même de colonisés qui, sans s'opposer au fond, désapprouvaient tel détail de l'entreprise. Au début, il fut tellement troublé qu'il ne trouvait pas mieux que de *nier* de tels actes ; ils ne pouvaient trouver aucune place, en effet, dans sa perspective du problème. Que ce soit la cruauté de l'oppression qui explique l'aveuglement de la réaction lui parut à peine un argument : il ne peut approuver chez le colonisé ce qu'il combat dans la colonisation, ce pourquoi précisément il condamne la colonisation. [...]

En somme, ou il ne reconnaît pas le colonisé, ou il ne se reconnaît plus. Cependant, ne pouvant choisir une de ces voies, il reste au carrefour et s'élève dans les airs : il prête aux uns et aux autres des arrière-pensées à sa convenance, reconstruit un colonisé suivant ses vœux ; bref il se met à fabuler.

Albert Memmi,
Portrait du colonisé,
Gallimard, 1957

François Mauriac ouvre le débat sur « la question »

Deux jours après l'article de Claude Bourdet, dans France-Observateur, *intitulé « Votre Gestapo d'Algérie », ce texte de Mauriac est paru dans* L'Express *avec une épigraphe de Montaigne : « Je hais cruellement la cruauté, et par nature et par jugement, comme l'extrême de tous les vices. »*

Vendredi 14 janvier 1955
    – Vous seul pouvez parler... Vous seul.
    Je détourne la tête. Que de fois l'aurai-je entendu ce « vous seul » ! Mes ennemis croient que je cède à la passion d'occuper la scène. Je soupire :
    – Il faudrait des preuves. On n'a jamais de preuves.

– Moi, j'ai vu, dit l'homme.
Je l'observe à la dérobée : je connais bien ce regard : celui de mon ami R., celui de ce prêtre de Constantine, le regard de ceux qui ont vu de leurs yeux, qui ne peuvent plus penser à rien d'autre : toutes les fleurs du monde sont flétries pour eux. Des obsédés, bien sûr. Moi-même, je commence à la subir, cette obsession, mais un écrivain est habile à s'évader. J'insiste, presque suppliant :

– A quoi bon, puisque « ça » ne laisse pas de traces !

– Ils n'ont pas renoncé aux coups de nerfs de bœuf, vous savez ! Mais la baignoire, ou plutôt le baquet d'eau sale où la tête est maintenue jusqu'à l'étouffement, mais le courant électrique sous les aisselles et entre les jambes, mais l'eau souillée introduite par un tuyau dans la bouche jusqu'à ce que le patient s'évanouisse…

– Ce n'est pas possible, dis-je.

– Mais oui : comme pour la Brinvilliers, comme pour Damiens… Cela ne laisse guère de traces en effet, non plus que les goulots de bouteilles enfoncés… […]

Nous nous taisons. L'homme rêve un instant, puis il dit :

– La détention en elle-même, quelle torture ! On parle d'Oudjda. Si vous connaissiez la prison de Tizi-Ouzou ! Les détenus sont parqués à soixante et onze dans des pièces de cent cinq mètres carrés. Il est interdit d'ouvrir la bouche, fût-ce pour prier. Des « droit commun » les surveillent : l'école de Himmler, quoi ! Quel héritage !

Encore un silence et j'entends de nouveau l'éternelle parole : « Vous seul… Si les gens savaient… vous, ils vous croiront. »

Je secoue la tête :

– Mais non ! ils s'irritent au contraire de ce qu'on les oblige à voir ce qu'ils sont résolus à ignorer. Ils admettent que toute civilisation repose sur une horreur cachée : prostitution, traite des femmes, police des mœurs, maisons de correction, geôle pour les fous et les idiots, toutes les tortures : c'est le mal nécessaire. Malheur à qui ose en parler ouvertement ! Les Aztèques scellaient des débris humains dans les pierres du temple élevé à la gloire du dieu Soleil.

– Mais nous ne sommes pas des Aztèques.

– Non, bien sûr ! Nous sommes les Français de cette France dont les meilleurs fils, de génération en génération, ont mieux compris qu'aucun autre peuple et mis en pratique le Sermon sur la montagne. Nous sommes cette France qui a proclamé les droits de l'homme à la face d'une Europe enivrée.

– … Oui, et dire que pour la plupart de ceux que nous faisons souffrir, la France reste celle France-là ! […]

Je l'accompagne jusqu'à la porte. Me voici seul. J'ouvre distraitement l'album des disques de Mozart, les Sonates pour piano interprétées par Gieseking, que J. [Jean, son fils] m'a rapporté de New York. J'en choisis un… Mais non : l'horreur de ce que j'ai entendu emplit encore la chambre. Cette musique du ciel n'est pas pour moi. Je suis comme un homme qui a pris part, sans le vouloir, à un crime et qui hésite à aller se livrer.

François Mauriac,
« La Question »,
L'Express,
15 janvier 1955

La mémoire de la Gestapo

Identifiant, comme Claude Bourdet, l'armée française à la Gestapo, le catholique Henri-Irénée Marrou, professeur de langue et civilisation latine à la Sorbonne, lança, en mars 1956,

*le premier grand manifeste intellectuel
de la guerre d'Algérie.*

Historien, je me refuse à toute
classification manichéenne, comme s'il
y avait jamais eu un parti ou un peuple
de Purs, affrontant les Puissances des
Ténèbres. Théologien, j'ai appris de mon
maître saint Augustin, ce Berbère,
que toutes les nations qui se manifestent
dans l'histoire sont nécessairement un
mélange, pour nous inextricable, de Cité
du Bien et de Cité du Mal. Mais ce que la
théologie, l'histoire et le bon sens m'ont
aussi appris, c'est que les civilisations
qui laissent le fossé s'élargir entre l'idéal
dont elles se réclament et les réalisations
qu'elles en proposent, ces civilisations-là
meurent de leur hypocrisie.

Il n'est pas nécessaire d'aller chercher
bien loin des raisons de s'indigner ;
laissons le passé et ses occasions perdues ;
le présent suffit bien à notre angoisse.

PENDANT

APRÈS

La torture pratiquée par les parachutistes.

Je ne prononcerai que trois mots, assez
chargés de sens : camps de concentration,
torture et répression collective. Je ne veux
scandaliser personne et ne prononcerai
pas à la légère les noms sacrés de Dachau
et Buchenwald ; il me suffira, hélas ! d'en
prononcer un autre, déjà bien lourd à
porter : nous, Français, avions déjà sur
la conscience le camp de Gurs, et nous
savons, n'ayant pas d'excuse, de quelles
abominations, de quelles souffrances, au
surplus politiquement toujours inutiles,
s'accompagnent le recrutement des
«suspects» et leur abandon aux démences
concentrationnaires. Passant à la torture,
je ne puis éviter de parler de «Gestapo» :
partout en Algérie, la chose n'est niée par
personne, ont été installés de véritables
laboratoires de torture, avec baignoire
électrique et tout ce qu'il faut, et cela est
une honte pour le pays de la Révolution
française et de l'affaire Dreyfus.

Henri Irénée Marrou,
«France, ma patrie…»,
Le Monde, 5 avril 1956

Un tortionnaire

*La Question, du militant communiste
Henri Alleg, fit découvrir à l'opinion
la réalité de la torture. Alleg fut le dernier
à voir vivant le mathématicien Maurice
Audin, dont la « disparition » donna lieu
à la création du comité le plus actif contre
la torture en Algérie.*

«Allez, Audin, dites-lui ce qui l'attend.
Evitez-lui les horreurs d'hier soir !»
C'était Charbonnier qui parlait. Erulin
me releva la tête. Au-dessus de moi,
je vis le visage blême et hagard de mon
ami Audin qui me contemplait tandis
que j'oscillais sur les genoux. «Allez,
parlez-lui», dit Charbonnier.

«C'est dur, Henri», dit Audin. Et
on le remmena.

Brusquement Erulin me releva. Il était hors de lui. Cela durait trop. «Ecoute, salaud! Tu es foutu! Tu vas parler! Tu entends, tu vas parler!» Il tenait son visage tout près du mien, il me touchait presque et hurlait: «Tu vas parler! Tout le monde doit parler ici! On a fait la guerre en Indochine, ça nous a servi pour vous connaître. Ici, c'est la Gestapo! Tu connais la Gestapo?» Puis, ironique: «Tu as fait des articles sur les tortures, hein, salaud! Eh bien! maintenant, c'est la 10e DP, qui les fait sur toi.» J'entendis derrière moi rire l'équipe des tortionnaires. Erulin me martelait le visage de gifles et le ventre de coups de genou. «Ce qu'on fait ici, on le fera en France. Ton Duclos et ton Mitterrand, on leur fera ce qu'on te fait, et ta putain de République, on la foutra en l'air aussi! Tu vas parler, je te dis.» Sur la table, il y avait un morceau de carton dur. Il le prit et s'en servit pour me battre. Chaque coup m'abrutissait davantage mais en même temps me raffermissait dans ma décision: ne pas céder à ces brutes qui se flattaient d'être les émules de la Gestapo.

«Bon, dit Charbonnier, tu l'auras voulu! On va te livrer aux fauves.» Les «fauves», c'étaient ceux que je connaissais déjà, mais qui allaient déployer plus largement leurs talents.

Henri Alleg,
La Question,
Editions de Minuit, 1958

Le FLN n'est pas la Résistance

L'assimilation de l'armée française à la Gestapo et du FLN à la Résistance provoqua la protestation du garde des Sceaux, Edmond Michelet, venu du christianisme social et ancien résistant.

On conçoit la colère que peuvent éprouver les résistants français fidèles à leur idéal d'hier quand l'assimilation abusive des mots entraîne les résistants algériens à traiter de «collaborateurs» ceux de leurs compatriotes dont le seul tort, après tout, est de croire encore en la parole de la France. Il y a, disons-le-leur, des rapprochements de termes qui ont un tel caractère insultant qu'ils interdisent toute possibilité de dialogue. L'armée française en Algérie n'est pas une armée hitlérienne. C'est une armée qui cherche, sans l'avoir encore trouvée peut-être, la technique la plus humaine de réponse à une guerre de caractère insurrectionnel. Même si, pour les besoins de sa cause, le FLN fait état de pratiques inadmissibles commises par certains éléments de cette armée, la différence fondamentale qui existe et qu'il faut souligner entre ces éléments et les «Waffen SS», c'est que ces derniers faisaient partie d'un système alors que ceux-là ne constituent qu'un accident. Trop souvent renouvelé, j'en veux bien convenir. Qu'il convient de faire cesser et de sanctionner radicalement, j'en conviens encore, mais qui n'en demeure pas moins un accident. C'est trop vrai et trop important pour que je ne l'affirme pas une fois de plus.

Edmond Michelet,
Contre la guerre civile,
Plon, 1957

Massu: le plaidoyer et le malaise

Répondant, en 1972, aux critiques soulevées par son livre La Vraie bataille d'Alger, *le général Massu défendit l'honneur de ses parachutistes en minimisant les cas de sadisme et en invoquant ses notes de service.*

Je défie quiconque de trouver dans les quatre cents pages de mon livre la moindre expression d'orgueil ou de satisfaction. Bien au contraire, j'ai fait état de nos scrupules et de nos réticences devant la tâche qui nous était confiée. J'étais d'ailleurs intervenu maintes fois à l'époque pour que nul ne doute du véritable caractère de notre mission et de l'esprit dans lequel j'entendais qu'elle fût menée. C'est-à-dire dans le seul but de remonter les filières du terrorisme et avec le souci constant de ne pas attenter à la dignité humaine et de ne jamais détruire la personnalité, comme cela se pratique dans bien d'autres pays. Je reproduis dans mon ouvrage cette note de service du 9 mai 1957 dans laquelle, stigmatisant des exactions diverses, j'écris : « Pour que cela cesse, il faut un effort de chacun et de tous. Qu'aucune iniquité ne soit ni "couverte" ni "étouffée" à aucun échelon. Que chaque parachutiste de la 10e division parachutiste, soldat ou gradé, se sente solidaire des agissements de chacun de ses camarades et considère que c'est un devoir absolu de dénoncer les salopards où qu'ils soient… » Il est difficile d'être plus clair.

Jacques Massu,
Lettre au *Monde*, 22 mars 1972

Les tortionnaires ont commencé

Répondant à son tour à Massu, Pierre Vidal-Naquet, un des animateurs du comité Maurice-Audin, écarta l'argument de fait du contre-terrorisme en inversant les responsabilités.

[…] Une fois de plus, le général Massu explique la torture par le terrorisme et, certes, je sais ce qu'il y a de psychologiquement vrai dans cette « explication ». J'ai moi-même évoqué dans mon livre [*La Torture dans la République*] les réactions des soldats devant « les cadavres mutilés des camarades ». Mais on permettra à un historien de métier de prendre les choses de plus haut et de plus loin, de rappeler que la torture a largement préexisté à la « bataille d'Alger » et à la guerre d'Algérie elle-même (ces procédés, écrivait le 2 mars 1955 l'inspecteur général Wuillaume, qui dirige aujourd'hui le corps des inspecteurs généraux au ministère de l'Intérieur, qui proposait de les légaliser, sont « de pratique ancienne » et déjà, en 1951, Claude Bourdet posait la question : « Y a-t-il une Gestapo française en Algérie ? »), de rappeler une nouvelle fois que le terrorisme à la bombe français a précédé le terrorisme à la bombe algérien. Personne ne songea alors à « remonter les filières » qui étaient pourtant bien connues. […]

Contrairement à ce que croit le général Massu, la torture n'est pas un mal dont on puisse aisément limiter l'application à quelques « coupables » bien choisis. De l'Algérie, elle a gagné la France où elle a abouti à la « bataille de Paris », c'est-à-dire au pogrom anti-algérien du 17 octobre 1961. […]

Pierre Vidal-Naquet,
Réponse à Jacques Massu,
Le Monde, 22 mars 1972

La gangrène : l'affaire Djamila Boupacha

Dans l'espoir d'apaiser les polémiques sur la torture, une Commission permanente de sauvegarde des droits et libertés individuels fut mise en place en mai 1957. Mais celle-ci se révéla impuissante. Même sous la Ve République, elle n'aboutit qu'à mettre en évidence les impasses de la « pacification ». Relatée avec passion, la rencontre de Simone de Beauvoir avec Edmond Michelet, garde des Sceaux, à propos des sévices subis par une jeune Algérienne, Djamila Boupacha, le montre clairement.

N'existe-t-il pas une Commission de Sauvegarde ? En effet. L'ennui c'est qu'elle se soucie de sauvegarder la sécurité des tortionnaires et non celle des torturés. Je le savais. Mais tout de même, avant qu'une délégation du comité Boupacha, dont j'étais, n'eût avec M. Patin [président de la Commission] l'entrevue que raconte en détail Gisèle Halimi, j'étais loin de mesurer la dévotion du Président de la Commission à l'armée, son racisme, et sa trouille. Les négociations de Melun s'ouvraient ; M. Patin, comme M. Michelet que nous avions vu le matin, faisait de beaux rêves : ainsi s'explique l'abandon avec lequel ils nous parlèrent. M. Michelet – à qui nous étions venus demander de dessaisir les tribunaux d'Alger – ne parut pas mettre en doute les supplices subis par Djamila et par son père. Nous reconduisant à la porte de son cabinet, il me dit, à moi personnellement : « C'est du nazisme que nous vient cette gangrène ; elle envahit tout, elle pourrit tout, on n'arrive pas à l'enrayer. Les passages à tabac, soit : c'est normal ; pas de police sans passage à tabac ; mais la torture, c'est autre chose, c'est inacceptable. J'essaie de leur faire comprendre ; je leur dis : il y a une limite à ne pas franchir… » Il eut un haussement d'épaule qui confessait son impuissance et sa complicité. « C'est une gangrène », répéta-t-il. Puis il se ressaisit et conclut avec allant : « Enfin, nous approchons de la fin ! » Entendre, de la bouche même du ministre de la Justice, cet aveu spontané, j'en restai confondue. Quant à M. Patin, je n'aurais pas osé lui attribuer dans un roman les propos qu'il nous tint. Un geste, surtout, m'a frappée. L'une d'entre nous – Germaine Tillion, je crois – remarqua que le nombre de civils musulmans massacrés est infiniment plus élevé que celui des victimes européennes et que jamais aucune sanction n'a été publiquement décrétée contre leurs meurtriers. Il tendit la main vers une haute pile de dossiers : « Je sais », dit-il, « je sais ». Impossible de reconnaître plus explicitement que, loin de rien sauvegarder, il couvrait tout.

Simone de Beauvoir,
Préface à Gisèle Halimi,
Djamila Boupacha,
Gallimard, 1962

L'appel à l'insoumission

Le 4 septembre 1960, le « manifeste des 121 » qui recueillit, au total, cent soixante-dix-neuf signatures, souleva, au sein de la gauche républicaine, un grave cas de conscience en justifiant, au nom de la République, la désertion.

Qu'est-ce que le civisme, lorsque dans certaines circonstances, il devient soumission honteuse ? N'y a-t-il pas des cas où le refus de servir est un devoir sacré, où la « trahison » signifie le respect courageux du vrai ? Et lorsque, par la volonté de ceux qui l'utilisent comme instrument de domination raciste ou idéologique, l'armée s'affirme en état de révolte ouverte ou latente contre les institutions démocratiques, la révolte contre l'armée ne prend-elle pas un sens nouveau ? […]

Les soussignés, considérant que chacun doit se prononcer sur des actes qu'il est désormais impossible de présenter comme des faits divers de l'aventure individuelle ; considérant qu'eux-mêmes, à leur place et selon leurs moyens, ont le devoir d'intervenir, non pas pour donner des conseils aux hommes qui ont à se décider personnellement face à des problèmes aussi graves, mais pour demander à ceux qui les jugent de ne pas se laisser prendre à l'équivoque des mots et des valeurs, déclarent :

– Nous respectons et jugeons justifié le refus de prendre les armes contre le peuple algérien.

– Nous respectons et jugeons justifiée la conduite des Français qui estiment de leur devoir d'apporter aide et protection aux Algériens opprimés au nom du peuple français.

– La cause du peuple algérien, qui contribue de façon décisive à ruiner le système colonial, est la cause de tous les hommes libres.

Le « manifeste des intellectuels français » (7 octobre 1960)

*Censé répondre au «manifeste des 121»,
le «manifeste des intellectuels français»,
signé de plusieurs centaines de noms,
entendait, lui aussi, défendre la
République. Sur un ton de guerre civile
qui a gêné une partie de ses signataires.*

Le public français a vu paraître ces temps derniers, sous forme de professions de foi, de lettre ou de dépositions et plaidoiries devant les tribunaux, un certain nombre de déclarations scandaleuses.

Ces exhibitions constituent la suite logique d'une série d'actions, soigneusement concertées et orchestrées depuis des années, contre notre pays, contre les valeurs qu'il représente – et contre l'Occident. Elles sont l'œuvre d'une «cinquième colonne» qui s'inspire de propagandes étrangères – voire de mots d'ordre internationaux brutalement dictés et servilement appliqués. […]

C'est une imposture de dire ou d'écrire que la France «combat le peuple algérien dressé pour son indépendance», la guerre en Algérie est une lutte imposée à la France, par une minorité de rebelles fanatiques, terroristes et racistes, conduits par des chefs dont les ambitions

personnelles sont évidentes – armés et soutenus financièrement par l'étranger.

C'est commettre un acte de trahison que de calomnier et de salir systématiquement l'armée qui se bat pour la France en Algérie. Nul n'ignore, au surplus, qu'à côté des tâches qui lui sont propres, cette armée accomplit depuis des années une mission civilisatrice, sociale et humaine à laquelle tous les témoins de bonne foi ont rendu publiquement hommage ;

C'est une des formes les plus lâches de la trahison que d'empoisonner, jour après jour, la conscience de la France – d'intoxiquer son opinion publique – et de faire croire à l'étranger que le pays souhaite l'abandon de l'Algérie et la mutilation du territoire ;

Il n'est pas trop tard. Mais il est urgent, pour le pays et les pouvoirs, d'ouvrir les yeux sur la forme de la guerre que l'on nous fait : guerre subversive, entretenue, armée et financée par l'étranger sur notre territoire – tendant à la désagrégation morale et sociale de la nation.

La gangrène, suite : une « ratonnade » à Paris

*La polarisation des intérêts et des
polémiques sur les crimes du FLN et des
extrémistes européens d'Algérie explique
en partie le très faible impact sur l'opinion
métropolitaine de la monstrueuse
«ratonnade» perpétrée par la police
parisienne, le 17 octobre 1961.*

Depuis quelques jours, le préfet de police Maurice Papon avait décrété la fermeture dès 19 heures des débits fréquentés par les Algériens et «conseillé» à ceux-ci de ne pas sortir nuit : c'était un couvre-feu déguisé. Pour protester contre cette mesure de discrimination, le FLN appela à une démonstration pacifique pour le mardi 17 octobre. C'était la première fois qu'il lançait une manifestation de masse au cœur de Paris : il s'agissait de se concentrer dans les endroits publics tels que la Concorde, les Champs-Elysées, les grands boulevards. On estima à une trentaine de mille le nombre des ouvriers musulmans qui, encadrés par les militants du FLN, débouchèrent peu à peu, ce soir-là, des métros en provenance des bidonvilles de banlieue. Ce qui allait suivre fut une nuit de honte et d'épouvante.

Pour saisir toute l'horreur de la répression qui s'abattit sur les manifestants, traqués, arrêtés, humiliés, frappés, assassinés, il faut lire les questions et les protestations des esprits modérés. Les détails les plus nombreux ont été donnés par la presse militante, mais lorsqu'on apprit l'ampleur de ce qu'on pourrait appeler le règlement de comptes entre policiers et Algériens, l'émotion gagna aussi bien *Le Figaro* que *Le Monde*. Le 30 octobre, à l'Assemblée, Eugène Claudius-Petit – un «centriste» – dénonça avec des traits de flamme les responsabilités de la préfecture de police :

«Il faut appeler les choses par leur nom.

«Chaque gardien de la paix ne pouvait plus se déterminer, à cause de l'ordre reçu et de la décision prise, autrement qu'en tenant compte de la couleur de la peau, de la qualité des vêtements ou du quartier habité.

«Heureux les Kabyles blonds qui ont pu échapper aux réseaux de la police !

«Faudra-t-il donc voir prochainement, car c'est la pente fatale, la honte du croissant jaune après avoir connu celle de l'étoile jaune ? Car mesdames, messieurs, je ne sais pas si

UN FRANÇAIS A PART ENTIÈRE
« Il est conseillé aux Algériens de rentrer chez eux à 20 heures. »

(M. Frey, ministre de l'Intérieur.)

vous vous rendez compte de ce que nous vivons. Nous vivons ce que nous n'avons pas compris que les Allemands vivaient quand Hitler s'est installé.

« [...] La bête hideuse du racisme, que les civilisations, que les institutions ont tant de peine à refouler au fond du cœur de l'homme et de son esprit et de sa raison, la bête hideuse est lâchée. Vite, monsieur le ministre, refermez la trappe ! »

Michel Winock,
Le Monde,
19 juillet 1986

Les pieds-noirs ignorés

Autant le débat sur le terrorisme et sur la torture a pris en compte les intérêts des musulmans ou ceux de l'armée, autant le sort des pieds-noirs a été, dans l'ensemble, ignoré. Comme en témoignent, parmi beaucoup d'autres, ce texte lucide et cruel sur la « France » de Cagayous, vue par Pierre Nora, et le plaidoyer d'Albert Camus.

La « France » de Cagayous

Les Français d'Algérie ont tous, toujours, du Cagayous en eux. Avec la série de Cagayous, Musette, dont le pseudonyme dissimulait le directeur de l'Assistance publique et qui, par ses fonctions, était en contact avec le petit peuple de Bab el Oued (à prononcer Bablouette), a immortalisé, à fleur du dernier siècle, l'odieux titi algérois, modèle du produit colonial, exemplaire interchangeable d'une humanité «lumpen», moitié Marius, moitié blouson noir. [...]

Tous les Français d'Algérie sont comme Cagayous, humiliés et méprisants. Le coup de gueule collectif et permanent, les cris, les pleurs, le bluff et la déroute soudaine, la susceptibilité à fleur de peau, toute cette détresse psychologique n'a rien de joyeusement méditerranéen ; de ces privilèges accumulés ne se dégage qu'un malheur de vivre. La France algérienne est malade, elle sent le pourri, pourquoi ?

L'affirmation de soi, dans cette logique passionnelle, est le seul moyen de vivre une situation profondément contradictoire. Et, quels qu'ils soient, les Français d'Algérie, supérieurs aux Arabes, sont néanmoins des inférieurs par rapport à la métropole ; le contremaître italien qui ne serait rien dans une Algérie indépendante ne serait pas non plus grand'chose sur le marché du travail d'une métropole où il n'est d'ailleurs jamais allé. Le speaker de la télévision algéroise ou oranaise, notabilité locale saluée et reconnue dans la rue, sait bien que son bafouillage et son accent feraient rire le téléspectateur métropolitain. Le moindre préfet est un roi.

Aussi ont-ils voulu la sécession tant que leur royauté ne risquait d'être contestée que par la métropole.

L'insurrection arabe les a jetés dans le parti contraire. L'intégration, abusivement réclamée après avoir été abusivement refusée, est la traduction exacte de cette situation fausse. Elle est le seul moyen – illusoire et purement imaginaire – de dénouer idéalement une situation qui devient invivable.

Pierre Nora,
Les Français d'Algérie,
Julliard, 1961

Camus : pour les pieds-noirs

La propension des Français de métropole à rendre les pieds-noirs seuls responsables de leur sort a conduit en 1955 le plus célèbre d'entre eux, Albert Camus, à prendre avec ardeur leur défense.

Entre la métropole et les Français d'Algérie, le fossé n'a jamais été plus grand. Pour parler d'abord de la métropole, tout se passe comme si le juste procès, fait enfin chez nous à la politique de colonisation, avait été étendu à tous les Français qui vivent là-bas. A lire une certaine presse, il semblerait vraiment que l'Algérie soit peuplée d'un million de colons à cravache et à cigare, montés sur Cadillac. [...]

80 % des Français d'Algérie ne sont pas des colons, mais des salariés ou des commerçants. Le niveau de vie des salariés, bien que supérieur à celui des Arabes, est inférieur à celui de la métropole. Deux exemples le montreront. Le salaire minimum interprofessionnel garanti est fixé à un taux nettement plus bas que celui des zones les plus défavorisées de la métropole. De plus, en matière d'avantages sociaux, un père de famille de trois enfants perçoit à peu près 7 200 francs contre 19 000 en France. Voilà les profiteurs de la colonisation. [...]

Les gouvernements successifs de la métropole, appuyés sur la confortable indifférence de la presse et de l'opinion publique, secondés par la complaisance des législateurs, sont les premiers et les vrais responsables du désastre actuel. Ils sont plus coupables en tout cas que ces centaines de milliers de travailleurs français qui se survivent en Algérie avec des salaires de misère, qui, trois fois en trente ans, ont pris les armes pour venir au secours de la métropole et qui se voient récompensés aujourd'hui par le mépris des secourus. Ils sont plus coupables que ces populations juives, coincées depuis des années entre l'antisémitisme français et la méfiance arabe, et réduites aujourd'hui, par l'indifférence de notre opinion, à demander refuge à un autre Etat que le français.

Reconnaissons donc une bonne fois que la faute est ici collective. Mais n'en tirons pas l'idée d'une expiation nécessaire. Car cette idée risquerait de devenir répugnante dès l'instant où les frais de l'expiation seraient laissés à d'autres. En politique, du reste, on n'expie rien. On répare et on fait justice. Une grande, une éclatante réparation doit être faite, selon moi, au peuple arabe. Mais par la France tout entière et non avec le sang des Français d'Algérie. Qu'on le dise hautement, et ceux-ci, je le sais, ne refuseront pas de collaborer, par-dessus leurs préjugés, à la construction d'une Algérie nouvelle.

Albert Camus,
« La bonne conscience »,
L'Express, 21 octobre 1955

De Gaulle et l'Algérie

Contrairement à une idée reçue, le retour de De Gaulle a été d'abord considéré par le FLN comme une catastrophe, à la fois militaire et politique. Il a suscité, au sein des populations d'Algérie, un désir de réconciliation sincère, bien que lourd d'illusions. C'est la résistance opiniâtre du CNRA et la menace d'une internationalisation du conflit qui ont obligé le fondateur de la Vᵉ République, soucieux d'abord de consolider le régime, à négocier dans la hâte, sans égard pour le coût humain de son impatience.

FLN : la crise de l'été 1958

L'extrême inquiétude du FLN après l'accession de De Gaulle au pouvoir apparaît dans ce rapport secret du colonel Omar Ouamrane, responsable de la direction de l'armement et du ravitaillement général de l'ALN au Caire.

8 juillet 1958

L'heure est grave.

La révolution algérienne qui avait en peu de temps embrasé tout le pays et bouleversé le dispositif politico-militaire colonialiste, suscitant ainsi l'admiration du monde entier, cette révolution marque le pas et faut-il même reconnaître qu'elle régresse.

A. Situation intérieure

1. Aspect militaire :

L'ALN qui a atteint une puissance respectable par ses effectifs et son armement subit actuellement de lourdes pertes (plus de 6000 moudjahidines tombés en 2 mois dans la seule zone de Duvivier, l'ennemi ayant augmenté ses moyens et adopté sa tactique (école Bigeard).

Si au cours de l'année écoulée nous avons pu acheminer à l'intérieur un armement assez important, le renouvellement et l'approvisionnement en munitions est actuellement très difficile à cause du bouclage des frontières.

Les pertes en cadres compétents, formés politiquement ne sont malheureusement pas compensées par la promotion de jeunes suffisamment aguerris.

Le peuple, soutien indispensable de la Révolution a subi une répression terrible. La disparition des cadres politiques, des jeunes en général, la répression sous diverses formes ne peuvent qu'amoindrir sa résistance et réduire son apport à la révolution.

2. Aspect politique :

L'unité rétablie à la base est menacée au sommet. Le CCE tiraillé par des contradictions de personnes et de conceptions est réduit à l'immobilisme.

La révolution a fait des pas de géant en 1955-1956. Le congrès de la Soummam, malgré ses erreurs, ses fautes et les malentendus qui en sont nés a constitué un plafond. Il a su donner à la révolution un embryon de doctrine, un programme et surtout une organisation à l'échelle nationale, il nous a fait sortir du stade «fellaguisme».

Depuis, aucun progrès, aucune initiative. Au lieu de corriger les erreurs du congrès en les dépassant, en allant de l'avant, nous avons tourné en rond et perdu notre temps à nous disputer sur le congrès lui-même.

Ce faisant nous sommes tombés dans l'immobilisme, dans la stagnation.

L'esprit révolutionnaire a disparu chez tous les dirigeants cadres et militants, pour laisser place à l'embourgeoisement, à la bureaucratie et à l'arrivisme. La fraternité algérienne a cédé la place à la course aux honneurs, aux rivalités, à l'esprit de clan et de région. Le dégoût et le découragement se sont emparés des meilleurs.

B. Situation extérieure

Nous avons l'impression qu'une fois passé le vent d'admiration pour la jeune révolution algérienne, une fois passé le mouvement d'indignation pour les massacres et tortures perpétrés en Algérie, l'intérêt pour la cause algérienne s'est refroidi. [...]

A l'ONU nous avons essuyé deux échecs successifs, car il faut bien le dire, si la première inscription du problème à l'ordre du jour est une victoire, nous étions en droit d'attendre par la suite autre chose que des résolutions platoniques. [...]

C. Situation de l'ennemi

Si notre insurrection a d'abord surpris la France, si notre dynamisme des premiers temps a ébranlé le dispositif politique et militaire adverse, le colonialisme a fini par se ressaisir dès qu'il nous a vu marquer le pas. L'ennemi a réussi à stabiliser la situation et à nous porter des coups terribles sur les plans militaire, politique, diplomatique.

L'avènement du général de Gaulle renforce considérablement la puissance de l'ennemi.

Sur le plan moral, la France découragée, divisée se ressaisit, reprend confiance en la grandeur et espoir en la victoire.

Sur le plan militaire, le corps expéditionnaire reprend foi et confiance, trouve un regain d'esprit offensif et ne manque pas dorénavant de recevoir tous les moyens dont il aura besoin.

Enfin sur le plan diplomatique, de Gaulle, capable de grandes initiatives, risque, si ce n'est pas déjà fait de barrer définitivement la voie occidentale et de neutraliser le bloc oriental. Il a déjà réussi à nous couper partiellement de nos propres frères (Maroc et Tunisie).

Lagaillarde : l'esprit de 1958

L'esprit de réconciliation éphémère, mais profond, qui a suivi mai 1958 est assez fidèlement décrit dans la déclaration de Lagaillarde au « procès des barricades », le 15 novembre 1960.

[...] Le Tribunal sait que j'étais avocat au Barreau Blida et que, avant moi, mes parents étaient avocats en Algérie depuis 1932, que la majeure partie de la clientèle de ce cabinet est une clientèle musulmane. Je crois connaître les Musulmans. A la fin de mon service militaire, j'ai dit au Tribunal que j'avais adjoint à mon commando une petite harka. Ces gens-là me manifestaient une telle fidélité qu'ils n'ont pas craint de risquer leur destin avec moi le 13 mai 1958. On se souvient de ces harkis en tenue et en uniforme qui sont venus au Monument aux Morts. C'était mes anciens hommes. Je rappelle aussi au Tribunal que je suis élu au collège unique, que je représente toute la ville d'Alger, toutes les communautés. Je rappelle aussi au Tribunal, et je veux qu'il le sache s'il ne le sait pas, qu'au cours de ma campagne électorale, reprenant une motion dont j'étais l'auteur au Comité de Salut Public (c'est une de mes gloires), je disais (c'est la motion n° 1) :

« Il n'y a plus en Algérie que 10 millions de Français égaux en droit et en devoirs. »

C'était avant le discours du 4 juin.

Au cours de la campagne électorale, seul, mon macaron parachutiste au revers, j'ai fait campagne dans la casbah. J'ai été dans les endroits où aucun civil ne s'était hasardé depuis de nombreuses années. J'ai discuté avec les jeunes « blousons noirs » musulmans. Cela n'a pas toujours été très facile. Mais il faut aussi que le Tribunal sache que j'ai eu la majorité des voix dans la quasi-totalité des bureaux électoraux d'Alger.

Les hommes qui sont dans ce box ne sont pas des réactionnaires. Nous voulons une Algérie nouvelle, mais nous disons aussi que cette Algérie nouvelle ne peut être que française.

Pierre Lagaillarde,
On a triché avec l'honneur,
texte intégral du « procès des barricades »,
audiences des 15 et 16 novembre 1960,
La Table ronde

De Gaulle : « barrer la route à ces hommes-là »...

Après le putsch des généraux, c'est à la fois le rebelle du 18 juin 1940 et la légalité républicaine en majesté que de Gaulle a choisi d'incarner dans son message du 23 avril 1961, qui annonçait la mise en œuvre de l'article 16. Il devait retrouver la même inspiration le 30 mai 1968, avec le même succès.

Un pouvoir insurrectionnel s'est établi en Algérie par un « pronunciamiento » militaire.

Les coupables de l'usurpation ont exploité la passion des cadres de certaines unités spécialisées, l'adhésion enflammée d'une partie de la population de souche européenne qu'égarent les craintes et les mythes, l'impuissance des responsables submergés par la conjuration militaire.

Ce pouvoir a une apparence : un quarteron de généraux en retraite. Il a une réalité : un groupe d'officiers, partisans, ambitieux et fanatiques. Ce groupe et ce quarteron possèdent un savoir-faire expéditif et limité. Mais ils ne voient et ne comprennent la nation et le monde que déformés à travers leur frénésie. Leur entreprise conduit tout droit à un désastre national. [...]

Voici l'Etat bafoué, la nation défiée, notre puissance ébranlée, notre prestige international abaissé, notre place et notre rôle en Afrique compromis. Et par qui ? Hélas ! hélas ! hélas ! par des hommes dont c'était le devoir, l'honneur, la raison d'être, de servir et d'obéir.

Au nom de la France, j'ordonne que tous les moyens, je dis tous les moyens, soient employés pour barrer la route à ces hommes-là, en attendant de les réduire. J'interdis à tout Français et, d'abord, à tout soldat, d'exécuter aucun de leurs ordres. L'argument suivant lequel il pourrait être localement nécessaire d'accepter leur commandement sous prétexte d'obligations opérationnelles ou administratives ne saurait tromper personne. Les seuls chefs, civils et militaires, qui aient le droit d'assumer les responsabilités sont ceux qui ont été régulièrement nommés pour cela, et que précisément les insurgés empêchent de le faire. L'avenir des usurpateurs ne doit être que celui que leur destine la rigueur des lois.

Devant le malheur qui plane sur la patrie et la menace qui pèse sur la République, ayant pris l'avis officiel du Conseil constitutionnel, du Premier ministre, du président du Sénat, du président de l'Assemblée nationale, j'ai décidé de mettre en cause l'article 16 de notre Constitution. A partir d'aujourd'hui, je prendrai, au besoin directement, les mesures qui me paraîtront exigées par les circonstances. Par là même, je m'affirme, pour aujourd'hui et pour demain, en la légitimité française et républicaine que la nation m'a conférée, que je maintiendrai, quoi qu'il arrive, jusqu'au terme de mon mandat ou jusqu'à ce que me manquent soit les forces, soit la vie, et dont je prendrai les moyens d'assurer qu'elle demeure après moi.

Françaises, Français, voyez où risque d'aller la France par rapport à ce qu'elle était en train de redevenir !

Françaises, Français, aidez-moi !

Le plaidoyer d'un « soldat perdu »

L'émouvante déclaration d'Hélie Denoix de Saint-Marc, commandant le 1er REP lors du putsch d'Alger, devant le Haut Tribunal militaire, le 5 juin 1961.

Ce que j'ai à dire sera simple et sera court. Depuis mon âge d'homme, Monsieur le président, j'ai vécu pas mal d'épreuves : la Résistance, la Gestapo, Buchenwald, trois séjours en Indochine, la guerre d'Algérie, Suez, et puis encore la guerre d'Algérie…

En Algérie, après bien des équivoques, après bien des tâtonnements, nous avions reçu une mission claire : vaincre l'adversaire, maintenir l'intégrité du patrimoine national, y promouvoir la justice raciale, l'égalité politique.

On nous a fait faire tous les métiers, oui, tous les métiers, parce que personne ne pouvait ou ne voulait les faire. Nous avons mis dans l'accomplissement de notre mission, souvent ingrate, parfois amère, toute notre foi, toute notre jeunesse, tout notre enthousiasme. Nous y avons laissé le meilleur de nous-mêmes. Nous y avons gagné l'indifférence, l'incompréhension de beaucoup, les injures de certains. Des milliers de nos camarades sont morts en accomplissant cette mission. Des dizaines de milliers de musulmans se sont joints à nous comme camarades de combat, partageant nos peines, nos souffrances, nos espoirs, nos craintes. Nombreux sont ceux qui sont tombés à nos côtés. Le lien sacré du sang versé nous lie à eux pour toujours.

Et puis un jour, on nous a expliqué que cette mission était changée. Je ne parlerai pas de cette évolution incompréhensible pour nous. Tout le monde la connaît. Et un soir, pas tellement lointain, on nous a dit qu'il fallait apprendre à envisager l'abandon possible de l'Algérie, de cette terre si passionnément aimée, et cela d'un cœur léger. Alors nous avons pleuré. L'angoisse a fait place en nos cœurs au désespoir. […]

Alors j'ai suivi le général Challe. Et aujourd'hui, je suis devant vous pour répondre de mes actes et de ceux des officiers du 1er REP, car ils ont agi sur mes ordres.

Monsieur le Président, on peut demander beaucoup à un soldat, en particulier de mourir, c'est son métier. On ne peut lui demander de tricher, de se dédire, de se contredire, de mentir, de se renier, de se parjurer.

La « plate-forme » de l'OAS

Le projet élaboré par l'état-major de l'OAS en juillet 1961, tourné vers la restauration d'une France d'Ancien Régime, semble s'être inspiré de la plate-forme du FLN, mais dans la perspective du pire, et en prenant concrètement appui sur à peine plus d'un millier d'hommes.

CE QUE NOUS VOULONS ET ESPÉRONS

L'Algérie Française, c'est-à-dire :

– Algérie partie intégrante de la France, de son territoire national qui s'étend sur les deux rives de la Méditerranée (y compris bien entendu le Sahara algérien).

– Mais aussi, Algérie nouvelle, fraternelle : progrès et justice sociale, réformes, amitié féconde entre communautés. A noter que l'amélioration du sort, des conditions de vie et de travail des FSM (*Français de souche musulmane*) en Métropole sont également de ce chapitre.

– Algérie province française, ayant sa place dans une France, elle aussi rénovée, où les provinces reprendraient leur personnalité, leur vocation propre dans la nation.

Nous voulons évidemment un régime nouveau. La chute du régime gaulliste est une des conditions majeures pour atteindre notre but. C'est le préalable. Toute discussion doctrinaire sur le régime qui lui succéderait doit lui être subordonné. [...]

LES VOIES ET LES MOYENS

a) En permanence, selon les objectifs et les circonstances :

– Action psychologique, propagande.

– Action directe.

La violence ? Oui, certes ; nous ne sommes pas une opposition académique. Le pouvoir ne nous ménage pas, et il trahit. Nous n'avons pas à ménager ce pouvoir de trahison et ses complices.

b) Au moment nécessaire et opportun : L'insurrection armée.

– Soit, au mieux, lorsque les circonstances apparaîtront favorables pour *vaincre*, ou contribuer à la victoire, soit :

Préparation aussi complète que possible, moyens sérieux réalisés.

Occasion favorable, psychologiquement ou matériellement.

Régime affaibli, ébranlé, en difficulté grave.

– Soit si nous sommes acculés, tout ajournement de cette insurrection risquant de compromettre irrémédiablement notre cause. Ce serait peut-être un combat désespéré, cependant il faudrait mettre le maximum de chances avec nous. Il ne doit donc pas être improvisé mais préparé, en améliorant chaque jour cette préparation.

Les ultimes instructions avant la signature des accords d'Evian

On doit à Robert Buron, membre de la délégation française, les notes qui restituent le plus fidèlement les négociations d'Evian.

Lundi 19 février, 5 heures du matin [...]

Contraste extraordinaire au moment de la décision la plus importante pour la Ve République ; à un bout du fil, le Président devant sa table, sans doute dans la grande pièce de l'Elysée aux lambris dorés, silence et solennité ; à l'autre bout, trois hommes en costumes froissés, les traits tirés tendus à l'extrême dans une chambre de huit mètres carrés, où un lit est encore défait (le ministre d'Etat n'a pas les talents du prince de Broglie).

Selon le protocole habituel dans les

Conseils des ministres importants, nous sommes d'abord interrogés tour à tour. Après Joxe qui fait le point sur les résultats non négligeables obtenus hier, je prends l'appareil.

« Alors, Buron, votre impression ?

– Mon Général, une des grandes difficultés c'est que leurs catégories intellectuelles diffèrent fondamentalement des nôtres. Les mêmes mots ne représentent pas pour eux les mêmes choses que pour nous…

– Je vois, je vois, mais encore ? » […]

Le chef de l'Etat donne alors ses dernières instructions :

« L'essentiel est d'aboutir à un accord comportant le cessez-le-feu puis l'autodétermination, du moment que cet accord n'entraîne pas des bouleversements soudains dans les conditions actuelles relatives aux intérêts matériels et politiques des européens, à la présence militaire française en Algérie, aux conditions pratiques dans lesquelles s'opère sur place l'exploitation du pétrole et celle du gaz, enfin aux rapports économiques, techniques et culturels entre l'Algérie et la Métropole. C'est cet aboutissement, je répète, cet aboutissement qu'il faut réaliser aujourd'hui. »

La voix est grave, presque sourde, et le débit lent et martelé. Le général de Gaulle lit-il un texte préalablement écrit, improvise-t-il ou récite-t-il une déclaration peu à peu mise au point en esprit ? Je pencherais pour la troisième solution, si je ne connaissais son goût pour l'histoire… et ce qu'il nous dit en ce moment sera demain un document historique.

La fusillade de la rue d'Isly

Le massacre de civils désarmés par le service d'ordre le 26 mars 1962 fut-il provoqué par des tireurs de l'OAS postés sur les balcons, comme le suggère le romancier Philippe Labro ? Un reportage filmé de la tragédie ne permet pas de le confirmer.

Nous débouchâmes sur le plateau des Glières et la Grande Poste. Margis-Curieux siffla doucement entre ses dents :

– Merde, fit-il, quelle boucherie !

Nous étions arrivés bien après que la fusillade avait cessé, mais une âpre odeur de poudre vous saisissait à la gorge et flottait encore tout autour des trottoirs. Des ambulanciers chargeaient des corps de civils, hommes et femmes, tous européens, et des corps de soldats aussi, mais en un très petit nombre. Plus loin, deux reporters radio enregistraient les hoquets sanglotants d'un aspirant qui, d'après ce que je pus entendre, jurait n'avoir jamais donné l'ordre d'ouvrir le feu. Ses hommes l'entouraient : des gamins en pleurs, de gros paysans qui semblaient se demander comment tout cela avait démarré ; un caporal, assis sur le bord du trottoir, reniflait entre ses doigts, agité par des spasmes pudiques ; un grand Algérien en tenue bariolée agrippait son fusil Garant en répétant plaintivement :

– Mon lieutenant, mon lieutenant, mon lieutenant.

Plaqués contre les murs des premières maisons de la rue d'Isly, agenouillés dans les portes cochères, des civils refusaient encore de se déplacer, certains tendant le bras vers les toits de deux immeubles qui leur faisaient face :

– C'est parti de là-haut, affirmait un vieux monsieur décoré.

Mais j'entendis un autre homme dire :

– Pas du tout, ils ont tiré d'ici.

Il y avait des gendarmes, des gardes mobiles, des zouaves, des artilleurs, des ATO, des bidasses et des gradés en tout genre : ça grouillait. Pourtant, un silence lamentable dominait, rompu seulement par des soudaines crises d'hystérie de femmes penchées au-dessus des morts ou des blessés et par les moteurs des ambulances qui partaient en direction des hôpitaux.

Des masques hagards et terrorisés ; des visages défigurés par l'indignation, la haine ou la colère, mais surtout des têtes courbées et des expressions vaincues et des regards accablés par l'incompréhension et l'impuissance.

Philippe Labro,
Des feux mal éteints,
Gallimard, 1967

Le calvaire des harkis

Le contraste entre le point de vue de la raison d'Etat, incarné par De Gaulle lors d'un Conseil des ministres, le 25 juillet 1962, et le sort effroyable des harkis, décrit par un de leurs chefs, le bachaga Boualam, se passe de commentaires.

MESSMER – Des harkis et des fonctionnaires musulmans, les moghaznis, se disent menacés. D'où des demandes qui viennent à la fois des autorités civiles et militaires. Il faut prendre une position de principe.

DE GAULLE – On ne peut pas accepter de replier *tous* les musulmans qui viendraient à déclarer qu'ils ne s'entendront pas avec leur gouvernement ! Le terme de *rapatriés* ne s'applique évidemment pas aux musulmans : ils ne retournent pas dans la terre de leur pères ! Dans leur cas, il ne saurait s'agir que de *réfugiés* ! Mais on ne peut les recevoir en France comme tels, que s'ils couraient des dangers.

POMPIDOU – Quand ce sont des musulmans isolés, ça va, on peut à la rigueur refuser de les embarquer. Mais quand c'est un douar entier que l'on voit arriver pour prendre le bateau, c'est plus difficile.

Deux camps militaires ont été installés pour eux en métropole ; ils sont submergés. Ces gens ne veulent pas travailler. Ils se trouvent très bien au Larzac sous leurs tentes et ils s'y installeraient volontiers pour l'hiver et au-delà. Mais il faudra bien les évacuer ; en septembre, les froids vont venir.

DE GAULLE – Il faut les mettre en demeure ou de travailler, ou de repartir. »

Plusieurs collègues baissent la tête.

Alain Peyrefitte,
C'était De Gaulle,
Plon, 1961

Des témoignages me sont parvenus de l'hôpital Maillot, à Alger, par l'intermédiaire d'un interne :

Un jeune Kabyle H…, 14 ans, évacué par les soins du 7e BCA pour blessures à la tête, raconta comment son père et son frère, tous deux GMS, sa mère et ses sœurs furent massacrés à D… Comment Bouzida, Kibouh et Mokrani, anciens harkis, de retour dans leurs familles, se sont fait prendre, ont été dépecés et exposés en morceaux sur le marché de D… L'épicier A… a eu les deux bras coupés et M… les deux jambes.

Une lettre de M. G…, département de l'Aisne, en confirmation d'un message du 20 septembre 1962, concernait le sort des anciens supplétifs de Maillot (Grande Kabylie).

– Mebarki, émasculé et dépecé vif. Zerkak a subi le même sort. […]

En date du 8 octobre, un message de ce même correspondant précisait : […]

– Boucherit, sergent-chef, a été promené dans la vallée de la Soummam au bout d'une corde fixée à un anneau lui traversant le nez. Roué de coups, abreuvé d'eau salée, il a été abattu.

Les harkis et chefs de villages de la région de Beni-Hamdoune ont eu les lèvres et le nez coupés avant d'être exhibés dans les douars voisins.

Il y a des charniers à ciel ouvert sur la route d'Aumale.

Un témoignage du harki Z... attaché pendant quatre ans au 15e BCA et 121e BCA, réfugié en métropole :

Le lieutenant Boumedienne Mouloud a fait égorger trois de mes camarades : Oussel Ali, Dahmane Mohamed et Amar Ouaroun.

Six autres ont été attachés, arrosés d'essence, brûlés vifs en plein centre de Tizi-Ouzou.

> Bachaga Boualem,
> *Les Harkis au service de la France*,
> France-Empire, 1963

La génération sans nom

Il y aura eu sans doute autant de guerres que de combattants en Algérie. Chacun aura ramené une expérience différente, pacifique ou guerrière, généreuse ou intolérable, d'un conflit qui a été subi par tous ses acteurs, à commencer par la métropole.

Une génération ne peut se définir sous le prétexte que trois millions d'enfants perdus ont vécu trois millions d'expériences solitaires, singulières et contradictoires [...]. On peut avancer que 1914 et 1940 furent des expériences quasi unanimes. Mais l'Algérie, non : une multitude de solitudes. Aucune universalité, chacun pour soi. Il n'y avait rien à raconter, et personne à qui se confier. Et puis, les mondes basculaient sans crier gare : rien ne ressemblait à rien. Celui qui était parti avec son cœur à droite revenait *libéral*, celui qui était parti avec son cœur à gauche revenait *activiste*. Mais, quelque expérience qu'il ait eue, à peine en était-il sorti que chaque bidasse se voyait enveloppé dans le silence et dans l'oubli, car aucun adulte ne voulait franchement assumer la responsabilité de l'avoir envoyé là-bas, n'acceptait de préciser au nom de quoi cet enfant avait vécu ce qu'il avait vécu.

Puisque aussi bien l'Algérie avait été un rêve : de la droite comme celui de la gauche. La droite rêvait que l'Algérie lui permettrait de replonger dans le passé glorieux d'une Histoire pourtant irréversible et de sauvegarder ainsi un avenir confortable. La gauche rêvait que l'Algérie symboliserait toutes ses luttes et ses principes et que, si cela se déroulait selon ses désirs, elle pourrait dire : voyez, quand même, nous avons contribué à la réussite de quelque chose ! Au bout du compte, l'Algérie devait décevoir les rêves de chacun pour devenir une réalité très incertaine mais en tout cas indépendante : c'était peut-être mieux ainsi, plus simple plus logique, plus vrai.

> Philippe Labro,
> *Des feux mal éteints*,
> Gallimard, 1967

LES MORTS DE LA GUERRE D'ALGÉRIE

Le nombre des Français morts dans la guerre est connu. Il s'élève à 24 614 militaires et à 2 788 civils jusqu'au 19 mars 1962. Après cette date, les données sont moins sûres. 3 018 disparitions d'Européens ont été signalées jusqu'au 31 décembre 1962 et 382 en 1963. 1 282 Européens ayant été retrouvés, le solde s'élève à 2 993 disparus. En ce qui concerne la tuerie des 5-8 juillet 1962 qui aurait fait à Oran 25 victimes selon le général Katz, et plusieurs milliers selon le général Jouhaud, une note de l'état-major d'Alger en date du 14 juillet 1962 relève pour l'Oranie, outre les 25 morts reconnus, 218 disparus. Un Journal des marches et opérations manuscrit établi par les officiers de permanence au PC du secteur, retrouvé par le général M. Faivre, rétablit, heure par heure, la vérité de ce drame controversé.

Le nombre des harkis massacrés au lendemain de la guerre a fait l'objet, lui aussi, d'évaluations passionnelles. Le chiffre de 100 000, voire 150 000 morts a été avancé. En s'appuyant sur des estimations démographiques, Maurice Faivre avance avec prudence l'hypothèse de 65 000 victimes.

Quant au million d'Algériens victimes de la guerre commémoré par le FLN, l'historien Charles-Robert Ageron estime, sur la base des recensements de 1954 et de 1966, qu'il faudrait en ramener le nombre à une fourchette située entre 234 000 et 290 000. Ce chiffre est proche des estimations officielles françaises, qui avançaient en mars 1962 un total de 227 000 morts, dont 141 000 combattants.

CHRONOLOGIE SOMMAIRE

De la colonisation à la guerre

29 avr. 1827 : Le coup d'éventail du dey d'Alger.
14 juin 1830 : Débarquement de Sidi-Ferruch.
14 juil. 1865 : Sénatus-consulte de Napoléon III posant le cadre de l'assimilation.
24 oct. 1870 : Décret Crémieux déclarant français les juifs indigènes.
Sept.-Déc. : Commune d'Alger.
Juin 1871-Janv. 1872 : Révolte du bachaga Mokrani en Kabylie.
1881 : Code de l'indigénat.
1898 : Manifestations «antijuives» des Européens d'Algérie.
Juin 1912 : Manifeste Jeune Algérien.
1919 : Réformes Jonnart-Clemenceau en faveur des Algériens musulmans.
Mars 1926 : Création en France de l'Etoile nord-africaine de Messali Hadj.
11 sept. 1927 : Création de la Fédération des élus, présidée à partir de 1933 par le Dr Bendjelloul.
5 mars 1931 : Création de l'association des Oulémas par Ben Badis.
Juin-Déc. 1936 : Echec du projet Blum-Violette.
11 mars 1937 : Messali crée le Parti du peuple algérien.
8 nov. 1942 : Débarquement allié en Afrique du Nord.
31 mars 1943 : Abbas lance le Manifeste du peuple algérien.
8 mai 1945 : Massacres d'Européens à Sétif et Guelma.

Mars 1946 : Création, par Abbas, de l'Union démocratique du manifeste algérien.
10 nov. : Messali Hadj fonde le Mouvement pour le triomphe des libertés démocratiques.
15 févr. 1947 : Création de l'Organisation spéciale au sein du MTLD.
20 sept. : Le Statut de l'Algérie est combattu par le MTLD et l'UDMA qui remportent les élections municipales du 20 octobre.
4-11 avr. 1948 : «Elections Naegelen» truquées.
20 août 1953 : Déposition par la France du sultan du Maroc, Mohamed V.
23 mars 1954 : Création, par des membres du MTLD, du Comité révolutionnaire pour l'unité et l'action.
7 mai : Défaite de Diên Biên Phu.
31 juil. : Mendès France reconnaît à Carthage l'autonomie interne de la Tunisie.

La guerre sous la IVe République

1er nov. 1954 : Début de l'insurrection et proclamation du Front de libération nationale.
22 déc. : Messali Hadj crée le Mouvement national algérien.
1er févr. 1955 : Soustelle, gouverneur général de l'Algérie.
6 févr. : Chute du cabinet Mendès France.
31 mars : Loi sur l'état d'urgence en Algérie.
20 août : Emeutes dans le Nord-Constantinois.
Août : Premières manifestations de rappelés en France.

30 sept. : L'ONU inscrit la question algérienne à l'ordre du jour.

16 nov. : Retour triomphal de Mohamed V au Maroc.

2 déc. : Edgard Faure dissout l'Assemblée nationale.

12 déc. : Ajournement des élections en Algérie. Démission des élus de l'UDMA, qui se rallieront au FLN en janvier 1956.

4 janv. 1956 : Investiture de Guy Mollet.

6 févr. : «Journée des tomates» à Alger. Robert Lacoste ministre résident.

12 févr. : Les Oulémas se rallient au FLN.

12 mars : Vote des pouvoirs spéciaux en Algérie.

16 mars : Attentats du FLN frappant des civils dans Alger.

12 avr. : Dissolution de l'Assemblée algérienne.

21 avr. : Ferhat Abbas rejoint le FLN au Caire.

18 mai : Vingt soldats français sont massacrés à Palestro.

10 août : Bombe «contre-terroriste» rue de Thèbes, dans la Casbah d'Alger.

20 août : Congrès FLN de la Soummam et création du Conseil national de la Révolution algérienne.

30 sept. : Bombes FLN au «Milk Bar» et à la «Cafétéria», à Alger.

22 oct. : Détournement de l'avion Rabat-Tunis, transportant Ben Bella, Boudiaf, Aït Ahmed et Lacheraf.

5-6 nov. : Echec de l'expédition de Suez.

15 nov. : Salan commandant en chef en Algérie.

27 déc. : Assassinat d'Amédée Froger à Alger.

7 janv. 1957 : Massu, responsable de l'ordre à Alger.

16 janv. : Attentat au bazooka contre Salan.

5 avr. : Création de la commission de sauvegarde des droits et libertés en Algérie.

28 mai : Massacre de Melouza.

21 mai : Chute de Guy Mollet.

Juin : L'exécutif du FLN s'installe à Tunis.

30 sept. : Chute de Bourgès-Maunoury sur la loi-cadre.

5 nov. : Gouvernement Félix Gaillard.

Déc. : Assassinat d'Abane Ramdane.

31 janv. 1958 : Vote de la loi-cadre sur l'Algérie.

8 févr. : Bombardement de Sakiet Sidi Youssef en Tunisie.

15 avr. : Chute de Félix Gaillard.

13 mai : Formation d'un Comité de salut public présidé par Massu à Alger.

14 mai : Investiture de Pierre Pflimlin.

15 mai : Salan crie : «Vive de Gaulle !»

28 mai : Démission de Pierre Pflimlin.

29 mai : Le président René Coty fait appel au général de Gaulle.

De Gaulle et l'Algérie

2 juin 1958 : Vote des pleins pouvoirs à de Gaulle.

4 juin : De Gaulle à Alger : «Je vous ai compris.»

9 juin : Salan est nommé délégué général en Algérie.

19 sept. : Formation du Gouvernement provisoire de la République algérienne.

28 sept. : Référendum constitutionnel.

3 oct. : Annonce par de Gaulle du «plan de Constantine».

23 oct. : Discours de «la paix des braves».

23-30 nov. : Victoire des gaullistes aux élections législatives.

19 déc. : Paul Delouvrier, délégué général en Algérie. Maurice Challe, général en chef.

21 déc. : De Gaulle élu président de la République.

9 janv. 1959 : Michel Debré, Premier ministre.

16 sept. : Discours du général sur l'autodétermination.

15 oct. : Mitterrand : attentat de l'Observatoire.

19 janv. 1960 : Massu est relevé de ses fonctions.

24 janv.-1er févr. : Semaine des barricades à Alger.

13 févr. : La bombe atomique explose à Reggane.

3-5 mars : «Tournée des popotes» de De Gaulle.

10 juin : Si Salah est reçu à l'Elysée.

25-29 juin : Echec des pourparlers de Melun avec le FLN.

5 sept. : Procès du réseau Jeanson. Manifeste des 121 sur le droit à l'insoumission.

4 nov. : De Gaulle évoque «l'Algérie algérienne» à la télévision.

22 nov. : Louis Joxe, ministre des Affaires algériennes.

24 nov. : Delouvrier est remplacé par Jean Morin.

9-13 déc. : Voyage tumultueux de De Gaulle en Algérie.

8 janv. 1961 : Référendum sur l'autodétermination.

Févr. : Création de l'OAS.

2 mars : Acquittements au procès des barricades.

30 mars : Annonce de l'ouverture de négociations entre France et FLN.

11 avr. : Conférence de presse de De Gaulle, dite du «cœur tranquille».

22-25 avr. : Putsch des généraux à Alger.

20 mai : Ouverture des négociations d'Evian.

17 juin : Suspension des négociations.

18-22 juil. : Crise de Bizerte avec la Tunisie.

20-28 juil. : Echec de la conférence de Lugrin.

9-28 août : Réunion du CNRA à Tripoli. Ben Khedda succède à Ferhat Abbas à la présidence du GPRA.

17 oct. : La police parisienne réprime dans le sang une manifestation des Algériens à Paris.

6 déc. : Journée anti-OAS en France.

Janv.-févr. 1962 : Plasticages de l'OAS dans Paris. «Nuit bleue» du 17 au 18 janvier.
8 févr. : Huit manifestants anti-OAS trouvent la mort au métro Charonne.
10-19 févr. : Rencontre préparatoire des Rousses.
7-18 mars : Deuxième conférence et signature des accords d'Evian.
19 mars : Proclamation du cessez-le-feu.
23 mars : Bataille de Bab-el-Oued.
26 mars : Fusillade de la rue d'Isly.
29 mars : Mise en place de l'exécutif provisoire pour l'Algérie.
8 avr. : Référendum en métropole sur les accords d'Evian.

13 avr. : Le général Jouhaud est condamné à mort.
14 avr. : Georges Pompidou, Premier ministre.
15-23 mai : Procès de Salan, qui échappe à la peine de mort.
30 mai : La Cour militaire de Justice remplace le Haut Tribunal militaire.
17 juin : Conclusion des accords Susini-Farès à Alger.
1er juil. : Référendum sur l'autodétermination.
3 juil. : Proclamation de l'indépendance.
6 juil.: Exécution du lieutenant Roger Degueldre.
15 sept 1963 : Ben Bella est élu président de la République.

BIBLIOGRAPHIE

Archives
Les archives de l'Algérie peuvent être consultées aux Archives de l'armée de terre, sous la cote IH. Les archives du Secrétariat aux Affaires algériennes sont déposées aux Archives du ministère des Affaires étrangères, sous la cote AEF.

Sur l'Algérie et les origines de la guerre
- Achour (Ch.), *Anthologie de la littérature algérienne de langue française,* Bordas, 1990.
- Ageron (Ch.-R.), *Histoire de l'Algérie contemporaine, 1830-1970,* PUF, 1970.
- Amicale des anciens instituteurs et instructeurs d'Algérie, *1830-1962. Des enseignants d'Algérie se souviennent...,* Privat, 1981.
- Aron (R.) *et alii, Les Origines de la guerre d'Algérie,* Fayard, 1962.
- Girardet (R.), *L'Idée coloniale en France de 1871 à 1962,* La Table ronde, 1972.
- Guiral (P.), *Les Militaires à la conquête de l'Algérie,* Criterion, 1992.
- Hureau (J.), *La Mémoire des pieds-noirs, de 1830 à nos jours,* Orban, 1987.
- L'Histoire, *L'Algérie des Français,* Seuil, 1993, présentation de Charles-Robert Ageron.
- Julien (Ch.-A.), *Histoire de l'Afrique du Nord. Des origines à 1830,* Payot, 1951. *L'Afrique du Nord en marche, nationalisme musulman et souveraineté française,* Paris, 1972.
- Julien (Ch.-A.) et Ageron (Ch.-R.), *Histoire de l'Algérie contemporaine,* PUF, 1964 et 1969.
- Laffont (P.), *Histoire de la France en Algérie,* Plon, 1980.
- Leconte (D.), *Les Pieds-Noirs. Histoire et portrait d'une communauté,* Seuil, 1980.
- Lucas (P.) et Vatin (J.-C.), *L'Algérie des anthropologues,* Maspero, 1975.

- Memmi (A.), *Ecrivains francophones du Maghreb, anthologie,* Seghers, 1985.
- Prévost-Paradol (A.), *La France nouvelle,* 1868, Garnier, 1981.
- Stora (B.), *Histoire de l'Algérie coloniale, 1830-1954,* La Découverte, 1991.
- Thobie (J.), Meynier (G.), Coquery-Vidrovitch (C.), Ageron (Ch.-R.), *Histoire de la France coloniale,* t. 2, 1914-1990, Colin, 1990.
- Tocqueville (A. de), *Travail sur l'Algérie* (1841) et *Rapport sur l'Algérie* (1847), *in De la colonie en Algérie,* Complexe, 1988.
- Viollette (M.), *L'Algérie vivra-t-elle ?* Alcan, 1931.

Sur la guerre d'Algérie
- Alleg (H.) (dir.), *La Guerre d'Algérie,* Temps actuels, 1981, 3 vol.
- Cointet (M.), *De Gaulle et l'Algérie française, 1958-1962,* Perrin, 1995.
- Courrière (Y.), *La Guerre d'Algérie,* Fayard, 1968-1970, 3 vol.
- Droz (B.) et Lever (E.), *Histoire de la guerre d'Algérie,* Le Seuil, 1982.
- Eveno (P.) et Planchais (J.), *La Guerre d'Algérie,* La Découverte/Le Monde, 1989.
- Faivre (M.), *Les Combattants musulmans de la guerre d'Algérie.* L'Harmattan, 1995.
- Gervereau (L.), Rioux (J.-P.) et Stora (B.) (dir.), *La France en guerre d'Algérie,* Musée d'Histoire contemporaine-BDIC, 1992.
- Girardet (R.), *La Crise militaire française, 1945-1962,* Colin, 1964.
- Hamon (H.) et Rotman (P.), *Les Porteurs de valise,* Albin Michel, 1983.
- Harbi (M.), *Le FLN, mirages et réalités, des origines à la prise du pouvoir,* Jeune Afrique, 1980. *Les Archives de la révolution algérienne,*

Jeune Afrique, 1981. *La guerre commence en Algérie*, Complexe, 1984.
- Kauffer (R.), *L'OAS. Histoire d'une organisation secrète*, Fayard, 1986.
- Lacouture (J.), *Algérie, la guerre est finie*, Complexe, 1985.
- Le Goyer (Cl.-P.), *La Guerre d'Algérie*, Perrin, 1989.
- *OAS parle* (anonyme), Julliard, coll. «Archives», 1964.
- Rioux (J.-P.) (dir.), *La Guerre d'Algérie et les Français*, Fayard, 1990.
- Rioux (J.-P.) et Sirinelli (J.-F.) (dir.), *La Guerre d'Algérie et les intellectuels français*, Complexe, 1991.
- Stora (B.), *Histoire de la guerre d'Algérie (1954-1962)*, La Découverte, 1993. *La Gangrène et l'oubli. La mémoire de la guerre d'Algérie*, La Découverte, 1991.

Combats intellectuels, mémoires, témoignages
- Abbas (F.), *La Nuit coloniale*, Julliard, 1962. *Autopsie d'une guerre*, Garnier, 1980.
- Aït Ahmed (H.), *La Guerre et l'après-guerre*, Editions de Minuit, 1964.
- Alleg (H.), *La Question*, Editions de Minuit, 1958.
- Aron (R.), *La Tragédie algérienne*, Plon, 1957. *L'Algérie et la République*, Plon, 1958.
- Barberot (R.), *Malaventure en Algérie, avec le général Paris de la Bollardière*, Plon, 1957.
- Beauvoir (S. de) et Halimi (G.), *Djamila Boupacha*, Gallimard, 1962.
- Boualam (Bachaga S.), *Les Harkis au service de la France*, France-Empire, 1963.
- Buron (R.), *Carnets politiques de la guerre d'Algérie*, Plon, 1965.
- Camus (A.), *Chroniques algériennes (1939-1958)*, Gallimard, 1958. *Carnets, III, 1951-1959*, Gallimard, 1989.
- Daniel (J.), *La Blessure*, Grasset, 1992.
- Fanon (Fr.), *Les Damnés de la terre*, Maspero, 1961. *Sociologie d'une révolution*, Maspero, 1968.
- Farès (A.), *La Cruelle Vérité. L'Algérie de 1945 à l'indépendance*, Plon, 1982.
- Favrelière (N.), *Le Déserteur*, Lattès/Edition spéciale, 1973.
- Feraoun (M.), *Journal, 1955-1962*, Seuil, 1962.
- Girardet (R.), *Victoires et servitudes des capitaines*, imprimerie de «Combat», 1960. *Pour le tombeau d'un capitaine*, L'Esprit nouveau, 1962.
- Jeanson (Fr. et C.), *L'Algérie hors la loi*, Seuil, 1955.
- Jeanson (Fr.), *Notre guerre*, Editions de Minuit, 1960.
- Lagaillarde (P.), *On a triché avec l'honneur*, La Table ronde, 1961.
- Leulliette (P.), *Saint Michel et le dragon, souvenirs d'un parachutiste*, Editions de Minuit, 1961.
- Martinez (H.), *Et qu'ils m'accueillent avec des cris de haine*, Laffont, 1982.
- Massu (J.), *La vraie bataille d'Alger*, Plon, 1971.
- Mauriac (Fr.), *Bloc-Notes, 1952-1970*, Seuil, 1993, 5 vol.
- Messali Hadj, *Mémoires 1898-1938*, Lattès, 1982.
- Michelet (R.), *Contre la guerre civile*, Plon, 1957.
- Mitterrand (Fr.), *Présence française et abandon*, Plon, 1957.
- Nora (P.), *Les Français d'Algérie*, introduction de Charles-André Julien, Julliard, 1961.
- Peyrefitte (A.), *Faut-il partager l'Algérie ?*, Plon, 1961.
- Rémond (R.), *1958. Le retour de De Gaulle*, Complexe, 1983.
- Roy (J.), *La Guerre d'Algérie*, Julliard, 1960. *Mémoires barbares*, Albin Michel, 1989.
- Saint-Marc (H. Denoix de), *Les Champs de braises. Mémoires*, Perrin, 1995.
- Sartre (J.-P.), *Situations, V*, Gallimard, 1964.
- Servan-Schreiber (J.-J.), *Lieutenant en Algérie*, Julliard, 1957.
- Simon (P.-H.), *Contre la torture*, Seuil, 1957.
- Soustelle (J.), *Le Drame algérien et la décadence française*, Plon, 1957. *L'Espérance trahie (1958-1961)* Editions de l'Alma, 1962.
- Tricot (B.), *Les Sentiers de la paix en Algérie*, Plon, 1972.
- Vaujour (J.), *De la révolte à la révolution. Aux premiers jours de la guerre d'Algérie*, Albin Michel, 1985.
- Vidal-Naquet (P.), *La Raison d'Etat*, Editions de Minuit, 1962. *Face à la raison d'Etat. Un historien dans la guerre d'Algérie*, La Découverte, 1989. *L'Affaire Audin 1957-1978*, Editions de Minuit, 1989.
- Winock (M.), *La République se meurt. Chronique 1956-1958*, Seuil, 1978.

Quelques romans
- Brune (J.), *Cette haine qui ressemble à l'amour*, La Table ronde, 1961.
- Buis (colonel G.), *La Grotte*, Julliard, 1966.
- Cardinal (M.), *Au pays de mes racines*, Grasset, 1980.
- Etcherelli (Cl.), *Elise ou la vraie vie*, Denoël, 1967.
- Haddad (H.), *Un rêve de glace*, Albin Michel, 1972.
- Labro (Ph.), *Des feux mal éteints*, Gallimard, 1967.
- Lartéguy (J.), *Les Centurions*, Presses de la Cité, 1960.
- Loesch (A.), *La Valise et le cercueil*, Plon, 1963.

- Millecam (J.-P.), *Sous dix couches de ténèbres*, Denoël, 1965.
- Mimouni (R.), *L'Honneur de la tribu*, Laffont, 1989.
- Pélégri (J.), *Les Oliviers de la justice*, Gallimard, 1959.
- Roblès (E.), *Les Hauteurs de la ville*, Seuil, 1960.
- Roy (J.), *Les Chevaux du soleil*, Grasset (5 vol., 1967-1972).

Quelques films

Le Petit Soldat (J.-L. Godard, 1960),

Adieu Philippine (J. Rozier, 1960), *Muriel* (A. Resnais, 1963), *L'Insoumis* (A. Cavalier, 1964), *Les Parapluies de Cherbourg* (J. Demy, 1964), *La Bataille d'Alger*, (Gillo Pontecorvo, 1966), *Elise ou la vraie vie* (M. Drach, 1970), *Avoir vingt ans dans les Aurès* (R. Vautier, 1972), *La Guerre d'Algérie* (Ph. Monnier, Y. Courrière, 1972), *RAS* (Y. Boisset, 1973), *La Folle de Toujane* (René Vautier, 1974), *La Question* (L. Heynemann, 1976), *Le Crabe-Tambour* (P. Schoendoerffer, 1977), *L'Honneur d'un capitaine* (P. Schoendoerffer, 1982), etc.

TABLE DES ILLUSTRATIONS

TÉMOIGNAGES ET DOCUMENTS

INDEX

CRÉDITS PHOTOGRAPHIQUES

REMERCIEMENTS

L'idée de ce livre n'aurait peut-être jamais abouti sans le fonds exceptionnel d'ouvrages liés au conflit algérien qu'Odon Vallet a eu naguère la générosité de me donner. Qu'il trouve ici, une nouvelle fois, l'expression de ma reconnaissance.

ÉDITION ET FABRICATION

DÉCOUVERTES GALLIMARD
DIRECTION Pierre Marchand et Elisabeth de Farcy.
DIRECTION DE LA RÉDACTION Paule du Bouchet. GRAPHISME Alain Gouessant. PROMOTION & PRESSE Valérie Tolstoï.
LA GUERRE D'ALGÉRIE, HISTOIRE D'UNE DÉCHIRURE
ÉDITION Anne Lemaire. MAQUETTE Valentina Lepore (Corpus), Palimpseste (Témoignages et Documents). ICONOGRAPHIE Maud Fischer-Osostowicz LECTURE-CORRECTION Pierre Granet et Catherine Lévine. PHOTOGRAVURE AEC, Paris.